Atlas de la lengua española en el mundo

Francisco Moreno Fernández
Jaime Otero Roth

Esta obra ha sido editada por Ariel y Fundación Telefónica en colaboración con Editorial Planeta, que no comparten necesariamente los contenidos expresados en ella. Dichos contenidos son responsabilidad exclusiva de sus autores.

© Francisco Moreno Fernández y Jaime Otero Roth

© Fundación Telefónica, 2007
Gran Vía, 28
28013 Madrid (España)

© Editorial Ariel, S.A., 2007
Avda. Diagonal, 662-664
08034 Barcelona (España)

Redacción cartográfica
José Sancho Comíns
Catedrático de Análisis Geográfico Regional, Universidad de Alcalá
Enrique Nicolás Gesé
Ingeniero en Geodesia y Cartografía y Profesor Asociado de la Universidad de Alcalá

Realización editorial: Centro Editor PDA, S.L.
Diseño cubierta: Departamento de diseño de Editorial Planeta
Diseño interior: unomásuno
Realización cartográfica: © GradualMap

Primera edición: diciembre de 2007
Segunda edición actualizada: octubre de 2008

ISBN: 978-84-08-08435-8
Depósito legal: M-42.479-2008
Impresión y encuadernación: Brosmac, S.L.
Impreso en España – Printed in Spain

Atlas de la lengua española en el mundo

Francisco Moreno Fernández
Jaime Otero Roth

Real
Instituto
Elcano

Instituto
Cervantes

Fundación
Telefónica

Valor económico del español:
una empresa multinacional

Directores
José Luis García Delgado
José Antonio Alonso
Juan Carlos Jiménez

Esta obra es la segunda de una serie —que ha de completar diez títulos— destinada a ofrecer los resultados de la investigación promovida por Fundación Telefónica bajo el título general de *Valor económico del español: una empresa multinacional*. Una investigación que aspira a cuantificar toda la actividad productiva o de intercambio que, en la economía española y en la del conjunto de los países de habla hispana, encuentra en la lengua algún tipo de contenido relevante o de soporte significativo, y también a crear opinión sobre la importancia y el carácter estratégico de este activo intangible para España y para la comunidad panhispánica de naciones. Un programa de estudio que desde finales de 2005 aglutina un equipo plural de estudiosos de seis Universidades españolas, bajo la dirección de los profesores José Luis García Delgado, José Antonio Alonso y Juan Carlos Jiménez.

Títulos de la serie:
1. *Economía del español. Una introducción*
   por José Luis García Delgado, José Antonio Alonso y Juan Carlos Jiménez
2. *Atlas de la lengua española en el mundo*
   por Francisco Moreno Fernández y Jaime Otero Roth

PREFACIO

La Humanidad tiene en su diversidad lingüística uno de sus mayores caudales. La multiplicación de lenguas es una fuente, insustituible, de belleza y conocimiento. El estudio de los sistemas lingüísticos a través de la Historia nos habla de la evolución de la especie humana, de su capacidad de adaptación al entorno y de sus formas de organización social y económica.

En nuestros días, la creciente interconexión de las distintas regiones del planeta –la llamada globalización– hace que el mundo parezca más homogéneo. Las necesidades del comercio –en su sentido más amplio– nos empujan a aprender un pequeño número de grandes lenguas de comunicación: más gente habla menos idiomas, facilitando así el entendimiento entre los pueblos. Y mientras unas lenguas dejan de hablarse, otras cambian, se mezclan entre sí, surgen nuevas variantes y lenguajes específicos. Los nuevos medios de comunicación difunden las grandes lenguas internacionales, pero también permiten conservar y dar a conocer lenguas y culturas que de otra forma permanecerían limitadas a círculos minoritarios.

Como toda lengua viva, el español no es inmutable ni forma un bloque uniforme. Al igual que otros idiomas que se han extendido por países y regiones diferentes, más allá de su lugar de origen, contiene en sí mismo una gran diversidad. Hoy en día, después de una larga expansión, el español está entre las cuatro lenguas más habladas del planeta, y en él se expresa uno de los conjuntos culturales más creativos y dinámicos del mundo.

El *Atlas de la lengua española en el mundo* desea presentar de un modo claro y directo la posición de la lengua española dentro de la riqueza y diversidad del universo de las lenguas. Recurre para ello, junto a textos breves y concisos, a la eficacia informativa de la imagen: mapas, cuadros y figuras que reflejan la distribución geográfica y las principales tendencias sociales y económicas de la comunidad de habla hispana.

El *Atlas de la lengua española* constituye el segundo volumen de la serie de estudios que publica la Fundación Telefónica dentro del proyecto de investigación *Valor económico del español: una empresa multinacional*, dirigido por los profesores José Luis García Delgado, José Antonio Alonso y Juan Carlos Jiménez. Esta investigación tiene como objetivos fundamentales profundizar en el estudio de la dimensión social y económica de la lengua, y contribuir a crear una mayor conciencia del valor integrador y de la importancia internacional de la lengua española.

Al unirse a la Fundación Telefónica para editar este volumen, el Instituto Cervantes y el Real Instituto Elcano desean mostrar su compromiso con estos objetivos. No es la primera vez que estas tres entidades colaboran entre sí en torno a la proyección internacional de la lengua española. Esta ocasión es especialmente feliz porque el *Atlas de la lengua española* es una aportación novedosa en el ámbito de los estudios del español, al no existir previamente en nuestra lengua, y con especial atención a ella, un atlas lingüístico de alcance universal.

Carmen Caffarel
Directora del Instituto Cervantes

Gustavo Suárez Pertierra
*Presidente del Real
Instituto Elcano de Estudios
Internacionales y estratégicos*

Javier Nadal
*Vicepresidente Ejecutivo
de la Fundación Telefónica*

LAS LENGUAS DEL MUNDO

Las lenguas son uno de los mayores tesoros de la Humanidad. El número de lenguas que se hablan en el mundo se sitúa entre un mínimo de 4.500 y un máximo de 10.000, si bien la cantidad comúnmente aceptada es de alrededor de 6.000. La falta de información sobre muchas variedades lingüísticas y las dificultades para clasificarlas llevan a presentar estimaciones diferentes. El primero que elaboró un catálogo de las lenguas del mundo fue el jesuita español Lorenzo Hervás y Panduro, que en 1800 publicó su *Catálogo de las lenguas de las naciones conocidas*.

El origen del lenguaje es un misterio que ha dado lugar a numerosas discusiones científicas. Siglos atrás, las explicaciones se basaban en argumentos religiosos o mitológicos: así, la lengua hebrea se consideró durante mucho tiempo la primera del mundo, de la cual derivaban todas las demás; durante los siglos XVIII y XIX, el vascuence llegó a merecer no solo la consideración de lengua hablada en el Paraíso, sino incluso la de lengua de Dios.

El origen y desarrollo de las lenguas puede interpretarse desde una perspectiva biológica o desde una perspectiva cultural. Para la biología, hace 100.000 años ya pudieron existir las lenguas con una configuración interna similar a la de las lenguas modernas. Desde una perspectiva cultural, el origen de las lenguas pudo ir en paralelo al progresivo desarrollo cultural del ser humano, de modo que las lenguas, en el sentido más moderno, pudieron adquirir una complejidad similar a la actual desde hace unos 50.000 años. Las grandes familias de lenguas primitivas se difundieron por el mundo con los grandes procesos migratorios.

Las familias de lenguas

La clasificación genética de las lenguas es un procedimiento muy complejo, que consiste en la identificación de grandes grupos lingüísticos, que reciben el nombre de *filos* o *macrofamilias*. Esos filos se dividen en familias y estas se subdividen en jerarquías menores que son las que permiten realizar las clasificaciones lingüísticas. Sin embargo, no todas las lenguas actuales se vinculan a un filo conocido ni todas se ajustan a una clasificación generalmente aceptada. Entre los filos o macrofamilias existentes, algunos de los de mayor número de hablantes son el indo-europeo, el sino-tibetano, el níger-congo y el austronesio. Entre las familias que no están vinculadas a una macrofamilia, destacan la drávida, la altaica, la japonesa, la austroasiática y la daica.

La macrofamilia indo-europea es la de mayor difusión mundial, por número de hablantes. A ella pertenecen tres grupos de lenguas (balto-eslavo, indo-iranio e itálico) y varias familias de lenguas, como la albanesa, la anatolia, la armenia, la celta, la germáni-

SUMARIO

Como queda dicho, el *Atlas* recoge los datos e investigaciones más recientes y las tendencias demográficas, sociales y económicas más significativas del panorama lingüístico internacional. Su principal intención no es, sin embargo, añadir conocimiento nuevo sobre la lengua española y su difusión en el mundo, sino reunir saberes conocidos y presentarlos de forma visual y amena, con predominio de mapas y gráficos. En los distintos capítulos, el lector encontrará textos breves y concisos y abundancia de ilustraciones: la distribución espacial de los hablantes de español y sus tendencias demográficas; la historia del idioma y sus variedades geográficas; su relación con lenguas vecinas y hermanas; su posición entre las grandes lenguas internacionales en distintos aspectos propios de la geografía económica. Al unir geografía, economía y lingüística, esta obra es una mirada al mundo desde el punto de vista de las lenguas y, al mismo tiempo, es un poner a las lenguas en la perspectiva de las ciencias sociales, especialmente de la geografía y de la economía.

Junto a los mapas de elaboración propia, el *Atlas* presenta numerosos mapas y gráficos de otras fuentes y de naturaleza diversa. El esfuerzo de síntesis ha obligado a escoger solo algunos de los posibles: una pequeña muestra de la riquísima variedad de mapas surgidos de la unión entre Cartografía y Lingüística. El lector encontrará grandes panorámicas internacionales, extraídas de obras generales de referencia, pero también mapas propios del dialectólogo o del sociolingüista que estudia sobre el terreno las variedades léxicas, morfológicas o sintácticas de las lenguas, y los fenómenos resultantes del contacto entre ellas. A todos debemos nuestro agradecimiento.

Como obra de síntesis, el *Atlas* omite también aspectos de gran relevancia que históricamente han sido decisivos para la expansión de la lengua española, y que en la actualidad hacen de ella una de las más importantes lenguas de cultura de la Humanidad. Por ser tal vez su transposición a la cartografía más difícil que los secos datos estadísticos de la demografía o de la economía, no hay apenas información en el *Atlas* sobre la tradición literaria, la relación del español con otras lenguas a través de la traducción, la industria editorial, otras manifestaciones culturales (cine, música en español, medios de comunicación) que son, en definitiva, la expresión más elocuente del lugar que ocupa la lengua española en el mundo. Queden los lectores, por tanto, advertidos de estas deudas pendientes y los autores comprometidos a saldarlas en una próxima ocasión.

Francisco Moreno Fernández y Jaime Otero Roth
Alcalá de Henares, noviembre de 2007

INTRODUCCIÓN

El *Atlas de la lengua española en el mundo* desea mostrar, aunque de forma somera, la complejidad y diversidad del panorama lingüístico mundial. Imaginemos por un momento a éste como un sistema orbital. Las lenguas minoritarias giran a menudo en torno a las lenguas de comunicación local, regional o nacional más próximas; éstas, a su vez, conviven con lenguas internacionales, utilizadas para entenderse más allá de los límites de las fronteras nacionales o las comunidades lingüísticas, en grandes regiones continentales. Algunas de estas lenguas tienen una función puramente instrumental, utilizadas por hablantes de lenguas diferentes para comunicarse entre sí; otras son además lenguas de un gran número de hablantes, extendidas al mismo tiempo que se consolidaban y expandían grandes naciones.

En la posición más céntrica de este sistema encontramos al inglés, la lengua más hablada del mundo, si sumamos a sus hablantes nativos los que la emplean como segunda lengua. Otras grandes lenguas como el francés, el ruso, el árabe, el portugués o el chino tienen, además de una gran base demográfica, una órbita de alcance regional. El español es una de estas lenguas internacionales con gran base regional, que es particularmente compacta en América, con ramificaciones en la Península Ibérica –su solar original–, África y Asia. La comunidad hispanohablante se caracteriza por su cohesión y su diversidad internas; junto a los hablantes nativos, integra en su seno un amplio conjunto de hablantes de otras lenguas que son capaces de entenderse entre sí por medio del español. Las migraciones internacionales de las últimas décadas han llevado al español al seno de otras comunidades lingüísticas; y, como consecuencia de su expansión demográfica y de la pujanza de la cultura que en ella se expresa, son cada vez más quienes desean aprenderla como lengua extranjera.

El español se convierte, de esta forma, en una gran lengua internacional. La base demolingüística del español y la distribución geográfica de sus hablantes ha sido objeto de estudios y análisis, pero hasta ahora no había sido trasladada, en su conjunto y en nuestra lengua, a una colección de mapas que la representara gráficamente. La idea de unir lenguas y mapas en un *Atlas* que prestase especial atención al español surgió al recibir sus autores el encargo de actualizar la *Demografía de la lengua española* para el proyecto de investigación *El valor económico del español: una empresa multinacional*. Antes de abordar el estudio económico hacía falta una cartografía del idioma como punto de partida necesario; un mapa del español en el mundo 'a la luz de la evolución demográfica previsible de sus hablantes'.

A los directores de esta investigación debemos, por tanto, el impulso y la inspiración para este *Atlas*, para convertir el 'mapa del español en el mundo' en sentido figurado, en mapas reales. Es importante también reconocer el papel del responsable original de la redacción cartográfica del *Atlas*, José Sancho Comins, de la Universidad de Alcalá. Sin su concurso, y la ayuda de Enrique Nicolás, que realizó el trabajo técnico, no hubiera sido posible plasmar en imágenes de verdad las que en principio no eran sino algunas ideas difusas e inexpertas. La esmerada labor de diseño y composición de la editorial ha completado la obra, de cuyas lagunas e inconsistencias son solo responsables los dos autores que firman estas líneas.

EL ESPAÑOL Y LAS LENGUAS DEL MUNDO

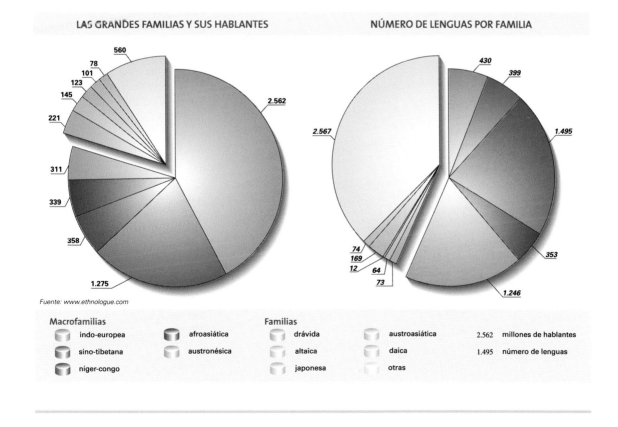

LAS GRANDES FAMILIAS Y SUS HABLANTES

560
78
101
123
145
221
311
339
358
2.562
1.275

NÚMERO DE LENGUAS POR FAMILIA

430
399
1.495
2.567
74
169
12
64
73
353
1.246

Fuente: www.ethnologue.com

Macrofamilias

- indo-europea
- sino-tibetana
- níger-congo
- afroasiática
- austronésica

Familias

- drávida
- altaica
- japonesa
- austroasiática
- daica
- otras

2.562 millones de hablantes
1.495 número de lenguas

LAS LENGUAS DEL MUNDO

CONFIGURACIÓN INTERNA DEL GRUPO INDO-EUROPEO

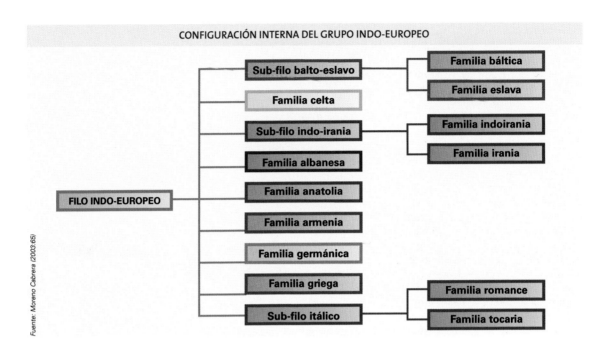

Fuente: Moreno Cabrera (2003:65)

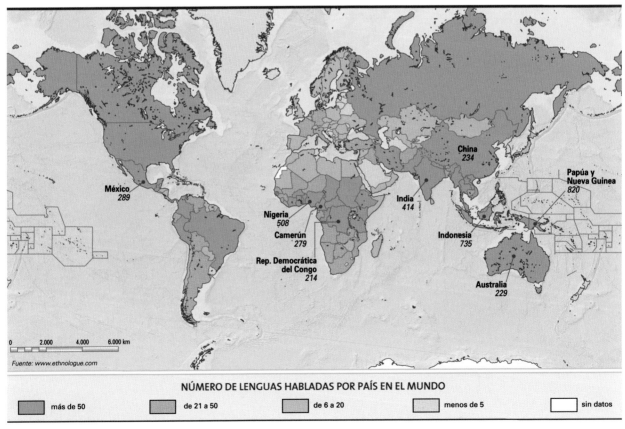

México 289
Nigeria 508
Camerún 279
Rep. Democrática del Congo 214
China 234
India 414
Indonesia 735
Papúa y Nueva Guinea 820
Australia 229

0   2.000   4.000   6.000 km

Fuente: www.ethnologue.com

NÚMERO DE LENGUAS HABLADAS POR PAÍS EN EL MUNDO

más de 50   de 21 a 50   de 6 a 20   menos de 5   sin datos

ca o la griega. Dentro de los sub-filos se identifican, a su vez, otras familias: en el balto-eslavo: la báltica y la eslava; en el indo-iranio: la indoirania y la irania; en el itálico: la romance y la tocaria.

El cambio lingüístico

La diversidad lingüística se debe en gran medida a que las lenguas cambian. Las causas de los cambios lingüísticos no siempre son fáciles de identificar, pero, en general, podemos hablar de dos tipos diferentes: los cambios internos y los cambios externos. Los cambios internos responden a tendencias de los propios sistemas lingüísticos, tendencias que pueden obedecer al intento de transmitir la mayor cantidad de información posible con una mayor simplicidad lingüística. A menudo estos cambios se producen de manera imperceptible para los hablantes y esto favorece su difusión. Los cambios externos responden a las influencias de las lenguas circunvecinas (préstamos, transferencias fónicas), al traslado de población de unos territorios a otros o a los cambios culturales que toda sociedad experimenta y que pueden suponer nuevas necesidades expresivas.

Distribución geográfica de las lenguas

La geografía de las lenguas no tiene por qué corresponderse con los límites de los países o de las naciones modernas del mundo. Muchas de ellas se extendían por sus actuales territorios antes de que se constituyeran los actuales países y muchos países incluyeron los dominios de

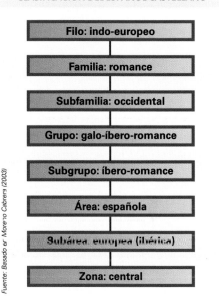

CLASIFICACIÓN DEL ESPAÑOL CASTELLANO

Filo: indo-europeo

Familia: romance

Subfamilia: occidental

Grupo: galo-íbero-romance

Subgrupo: íbero-romance

Área: española

Subárea: europea (ibérica)

Zona: central

Fuente: Basado en Moreno Cabrera (2003)

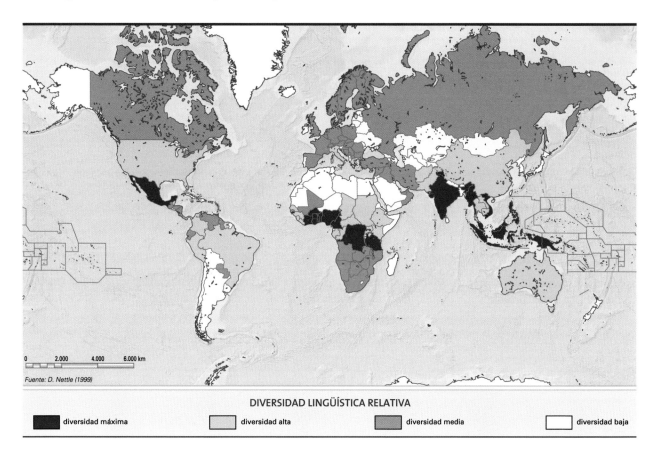

0   2.000   4.000   6.000 km

Fuente: D. Nettle (1999)

DIVERSIDAD LINGÜÍSTICA RELATIVA

diversidad máxima   diversidad alta   diversidad media   diversidad baja

Para saber más

Breton, R. (2003):
Atlas des langues du monde.
Paris: Autrement.

Moreno Cabrera, J.C. (2003):
El universo de las lenguas.
Madrid: Castalia.

Ruhlen, M. (1994):
The Origin of Language.
New York: John Wiley&Sons.

*L'aménagement linguistique
dans le monde* (www.tlfq.ulaval.
ca/axl/index.shtml)

Ethnologue (www.ethnologue.com)

*Las lenguas diversas,
cuando se escriben,
presentan al lector dos
distintivos característicos
de su diversidad, que son
las palabras y el artificio
gramatical con que estas
se ordenan para formar
el discurso.*

Lorenzo Hervás y Panduro,
Catálogo de las lenguas de las
naciones conocidas *(1800).*

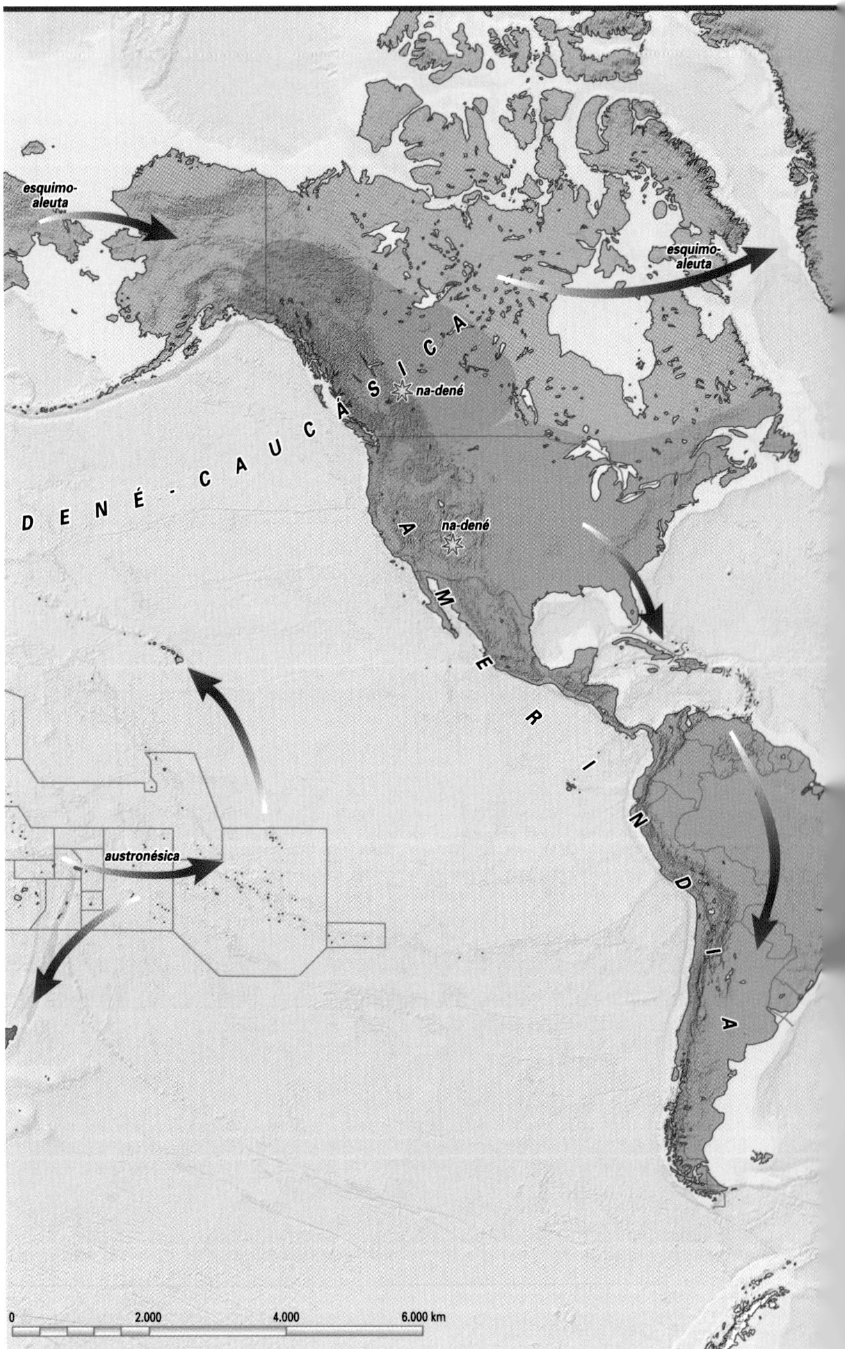

varias lenguas al constituirse. De este modo, hay países que agrupan en su territorio un gran número de lenguas, mientras otros hacen uso de una sola lengua, si bien esta última circunstancia no es muy habitual. La mayor diversidad lingüística se produce en los países agrupados en la franja ecuatorial y en los trópicos, y se va atenuando conforme se avanza hacia los polos.

La aparición de los estados modernos a partir del siglo XVI comenzó a hacer conveniente la elección y declaración de lenguas oficiales, para que facilitaran la cohesión socioeconómica y política y, a la vez, para que sirvieran de instrumento de comunicación a grupos humanos que podían hablar lenguas distintas dentro de un mismo estado. La clasificación que distingue las lenguas de los dia-

lectos suele fundamentarse en criterios que no tienen que ver con la estructura lingüística propiamente dicha, sino con el prestigio social,

con la existencia de escritura o con el hecho de contar con una norma ortográfica y gramatical, además de diccionarios.

Fuente: R. Breton (2003)

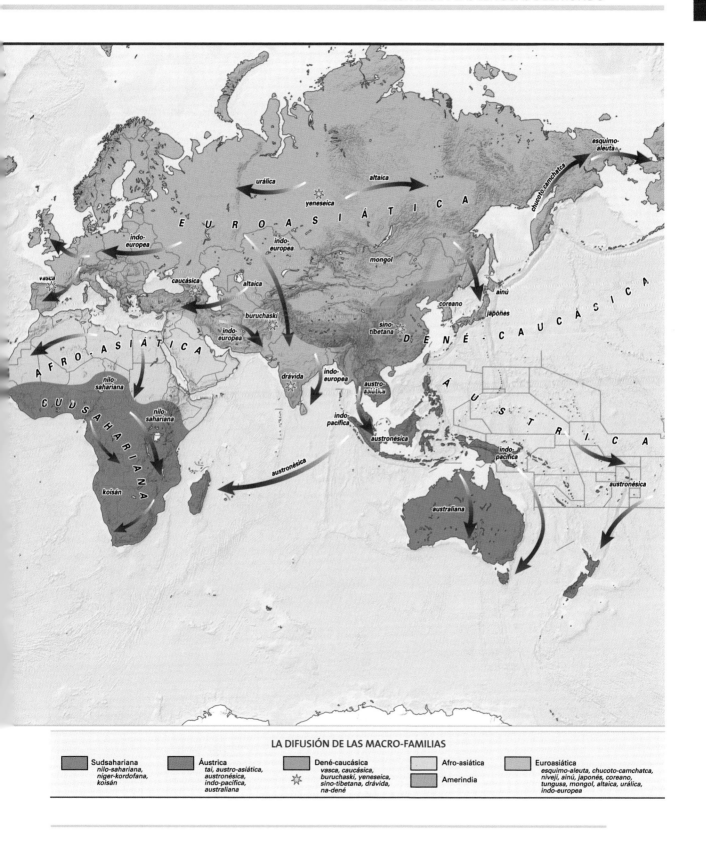

LA DIFUSIÓN DE LAS MACRO-FAMILIAS

Sudsahariana
nilo-sahariana,
níger-kordofana,
koisán

Áustrica
tai, austro-asiática,
austronésica,
indo-pacífica,
australiana

Dené-caucásica
vasca, caucásica,
buruchaskí, yeneseica,
sino-tibetana, drávida,
na-dené

Afro-asiática

Amerindia

Euroasiática
esquimo-aleuta, chucoto-camchatca,
nivejí, ainú, japonés, coreano,
tungusa, mongol, altaica, urálica,
indo-europea

DIVERSIDAD LINGÜÍSTICA

La diversidad lingüística guarda ciertos paralelismos con la multiplicidad de especies que habita nuestro planeta. En relación con la diversidad genética humana, no han faltado las propuestas que han asociado las variantes raciales con las lenguas que se hablan en el mundo. Las grandes migraciones de la antigüedad supusieron la dispersión de grupos humanos con rasgos genéticos precisos y, al mismo tiempo, de las lenguas que hacían posible la comunicación entre ellos. Aunque pueda haber cierta correspondencia entre diversidad genética y lingüística, no puede olvidarse que genes y lenguas no se identifican necesariamente y que la genética es ajena a la historia social de las lenguas.

En la actualidad, las lenguas del mundo se distribuyen por los continentes de forma irregular. Si aceptamos la existencia de más de 6.000 lenguas, los continentes con mayor variedad lingüística son África y Asia, con más de un tercio cada uno del total de lenguas. Esta proporción contrasta llamativamente con el 3,5% de lenguas vivas que existen en Europa. Sin embargo, el contraste es mucho más llamativo al comprobar que esas pocas lenguas de origen europeo son el instrumento de comunicación de más de una cuarta parte de la Humanidad. Asia es el continente con mayor número de lenguas y esas lenguas son habladas por más del 61% de los humanos, si bien la lengua que hace posible esa realidad es solo una:

el chino. En el caso de las lenguas de Europa, se da la circunstancia histórica de que algunas de sus lenguas originarias —pensemos en el inglés, el francés o el español— están sirviendo como vehículo de comunicación en grandes extensiones geográficas del mundo.

Existen datos que revelan con claridad cómo es la diversidad lingüística de la Tierra: por ejemplo, la cantidad, absoluta y relativa, de lenguas con menos de 10.000 hablantes. Si dividimos el mundo en cuatro grandes regiones, descubrimos que el área de Oceanía tiene hasta un 78% de lenguas que son usadas por comunidades muy pequeñas. Le sigue, según este criterio, el área de las Américas, con un 73% de lenguas minoritarias.

DISTRIBUCIÓN DE LAS LENGUAS POR ÁREAS DE ORIGEN

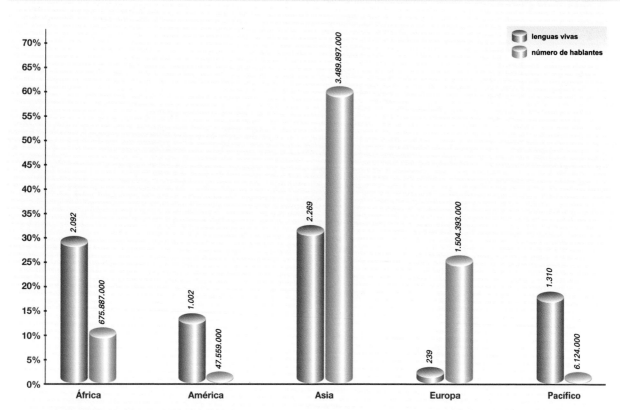

Fuente: Ethnologue (2005)

ÁRBOL DE CORRELACIÓN GENÉTICO-LINGÜÍSTICA

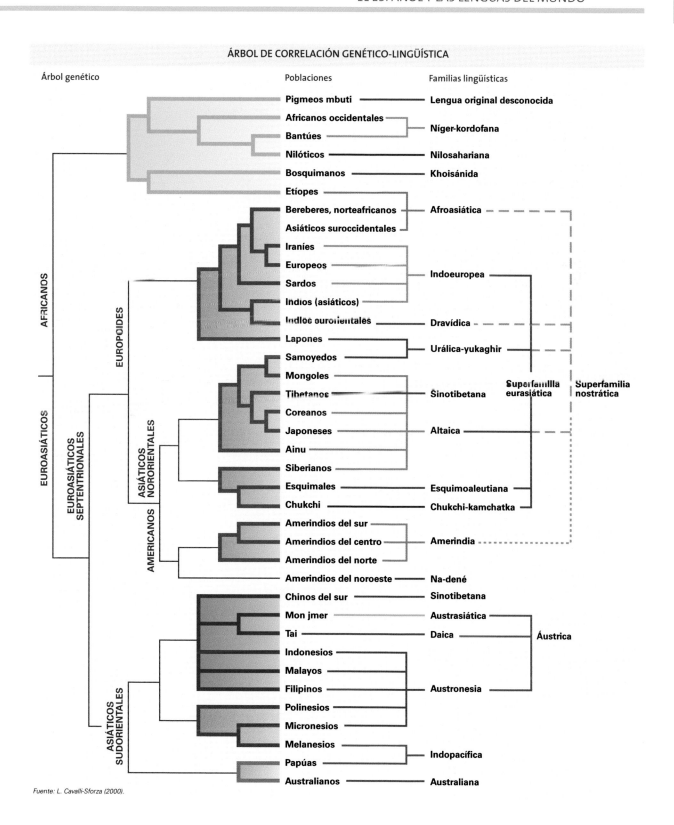

Árbol genético   Poblaciones   Familias lingüísticas

Fuente: L. Cavalli-Sforza (2000).

Algunas lenguas han desaparecido sin dejar rastro. Otras guardan celosamente sus secretos porque nadie ha conseguido descifrarlas. Finalmente, están aquellas que han evolucionado y gestado nuevas lenguas. Sabemos que, como cualquier ser vivo, la lengua radicada en un contexto específico puede florecer o marchitarse y morir.

Stephen Wurm (2001).

Las proporciones se reducen considerablemente en África, con un 41% y en la región euroasiática, con un 48%. El porcentaje de lenguas minoritarias en el mundo es del 60%, dato que nos descubre una realidad lingüística muy atomizada.

Lenguas en peligro de extinción

La atomización lingüística explica que un buen número de lenguas esté en peligro de extinción: al ser manejadas por grupos reducidos de hablantes, generalmente grupos indígenas, no permiten su uso con ciertos fines comunicativos (por ejemplo, para la ciencia o las nuevas tecnologías) y ello obliga a aprender una lengua más general, que puede acabar desplazando a la minoritaria en su propia comunidad de origen. La UNESCO ha publicado un atlas de lenguas en peligro de extinción en el que se distinguen lenguas potencialmente amenazadas, lenguas amenazadas, lenguas seriamente amenazadas, lenguas moribundas y lenguas extinguidas.

El proceso de desaparición o muerte de lenguas se viene conociendo de forma cadenciosa desde el inicio de la Edad Moderna. Los cálculos realizados a partir de la información demográfica de los últi-

mos cinco siglos permiten apreciar la reducción del número de lenguas, desde las más de 14.000 que probablemente existieron al inicio de la era

de los grandes descubrimientos y navegaciones, hasta las 6.000 actuales. Las proyecciones para los próximos 200 años apuntan a una reducción

Fuente: Elaboración propia según Breton (2003) y Moreno Cabrera (2003)

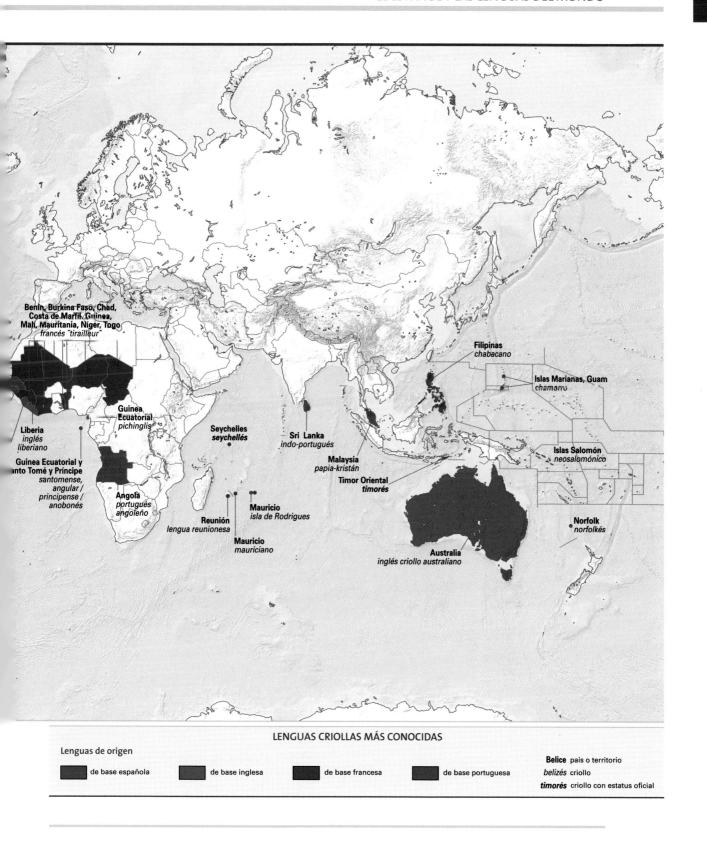

Benin, Burkina Faso, Chad, Costa de Marfil, Guinea, Mali, Mauritania, Níger, Togo
francés "tirailleur"

Liberia
inglés liberiano

Guinea Ecuatorial
pichinglis

Guinea Ecuatorial y Santo Tomé y Príncipe
santomense, angular / principense / anobonés

Angola
portugués angoleño

Seychelles
seychellés

Sri Lanka
indo-portugués

Malaysia
papia-kristán

Timor Oriental
timorés

Reunión
lengua reunionesa

Mauricio
isla de Rodrigues

Mauricio
mauriciano

Filipinas
chabacano

Islas Marianas, Guam
chamorro

Islas Salomón
neosalomónico

Norfolk
norfolkés

Australia
inglés criollo australiano

LENGUAS CRIOLLAS MÁS CONOCIDAS

Lenguas de origen

de base española	de base inglesa	de base francesa	de base portuguesa

Belice país o territorio
belizés criollo
timorés criollo con estatus oficial

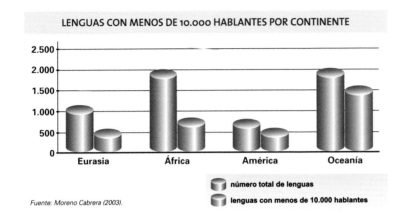

LENGUAS CON MENOS DE 10.000 HABLANTES POR CONTINENTE

- número total de lenguas
- lenguas con menos de 10.000 hablantes

Fuente: Moreno Cabrera (2003).

PARA SABER MÁS

Crystal, David (1994): *Enciclopedia del lenguaje.* Madrid: Taurus.

Wurm, Stephen (2001): *Atlas of the World Languages in Danger of Disappearing.* Barcelona: UNESCO.

Atlas interactivo de las lenguas del mundo en peligro de desaparición en línea: http://portal.unesco.org/culture/es/ev.php-URL_ID=26925&URL_DO=DO_TOPIC&URL_SECTION=201.html

Fuente: Wurm (2001)

LENGUAS EN PELIGRO DE EXTINCIÓN EN EUROPA

- ▲ Lengua potencialmente amenazada
- ● Lengua amenazada
- ● Lengua gravemente amenazada
- ● Lengua en vías de extinción
- ⊗ Lengua extinguida

con un ritmo semejante, que llevaría a la supervivencia de un solo millar de lenguas.

Lenguas criollas

Entre las lenguas vivas de la Humanidad se cuentan las modalidades lingüísticas nacidas de los contactos entre lenguas diferentes, contactos que también han sido consecuencia, en su mayoría, de las navegaciones patrocinadas por las potencias europeas desde 1500. Estos contactos llevaron a la necesidad de comunicación entre los hablantes de lenguas europeas (inglés, francés, español, holandés) y los hablantes de lenguas indígenas de África, Asia, América u Oceanía, y de esa comunicación surgieron variedades mezcladas, utilizadas solo con ciertos fines comerciales, pero que, en muchos casos, acabaron siendo la lengua materna propia de una comunidad. Estas lenguas reciben la denominación de *lenguas criollas*. Las diferencias en los estilos de colonización de las potencias europeas explican que haya más lenguas criollas de base inglesa o francesa que de base española. De hecho, las lenguas criollas del español con mayor importancia son solo cuatro: el chabacano en Filipinas, el papiamento en el Caribe, el palenquero en Colombia y el chamorro de la isla de Guam y las Marianas del Norte, en el Pacífico.

Lenguas de signos

La relación de lenguas del mundo debe incluir las lenguas de signos utilizadas por la población sordomuda. Quienes no pueden distinguir los sonidos ni emitirlos con facilidad han intentado siempre comunicarse mediante gestos. Las lenguas de signos se han formalizado y han sido reconocidas en el seno de las diferentes comunidades lingüísticas, pero no han de entenderse como derivaciones o variantes de las lenguas habladas, sino como auténticas modalidades lingüísticas independientes.

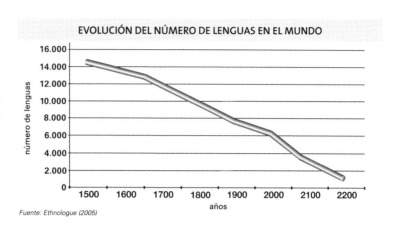

EVOLUCIÓN DEL NÚMERO DE LENGUAS EN EL MUNDO

Fuente: Ethnologue (2005)

Fuente: Gallaudet University

LENGUAS DE SIGNOS DE IBEROAMÉRICA

Número de lenguas por país
- 1
- 2
- 3
- más de 3

Tipología de lenguas de signos
- lenguas de signos de sordos
- dialectos
- sistemas de código (inventados con fines pedagógicos)

LAS GRANDES LENGUAS INTERNACIONALES

La consideración de una lengua como oficial no depende de razones lingüísticas, sino políticas; por eso es posible que una lengua que no ha tenido un uso popular o tradicional en un territorio alcance la consideración de oficial, como puede ser el caso del inglés o el francés en algunos países de África. En el mundo existe un número reducido de lenguas que permiten la comunicación entre una gran cantidad de personas. Algunas de ellas cuentan con una población nativa muy extensa, como es el caso de las cuatro lenguas de mayor peso demográfico: el chino mandarín, el español, el hindi/urdu y el inglés. Otras lenguas no tienen una demografía tan potente, pero poseen una amplia difusión internacional, como el francés, el árabe o el portugués. En conjunto, veinte lenguas ocupan,

SUPERFICIE DE LAS LENGUAS OFICIALES DE LA ONU

Fuente: Marqués de Tamarón (1995)

12.207.187 Suma de las superficies de los países donde cada lengua es oficial en km².
20 Número de estados en dónde cada lengua es original.

9,10% Proporción de la suma de las superficies de los países donde cada lengua es oficial respecto a la superficie emergida mundial.

ÁRABE   ESPAÑOL   INGLÉS   RESTO
CHINO   FRANCÉS   RUSO

ÍNDICE DE IMPORTANCIA INTERNACIONAL DE LAS LENGUAS							
	1- Nº DE HABLANTES	2- IDH	3- Nº DE ESTADOS	4- EXPORTACIONES	5- TRADUCCIONES	6- ONU	7- IIL
Inglés	489.966.300	0,940	50	1.136.894	32.219	1	0,526
Francés	98.802.000	0,932	27	319.059	6.732	1	0,417
Español	323.180.000	0,822	20	158.507	933	1	0,388
Ruso	151.494.000	0,849	2	66.800	6.595	1	0,386
Chino	790.135.000	0,596	3	173.076	216	1	0,358
Alemán	89.401.000	0,922	6	447.802	5.077	0	0,344
Japonés	123.830.000	0,937	1	360.911	235	0	0,342
Italiano	54.414.500	0,912	3	183.809	1.725	0	0,324
Sueco	8.199.000	0,929	2	54.120	1.193	0	0,320
Hindi	354.270.000	0,439	1	20.328	45	0	0,185
8- Coeficiente de ponderación	0,25	0,25	0,25	0,9	0,9	0,07	

1- El número de hablantes tiene en cuenta los hablantes nativos y no nativos de cada lengua en los países donde es oficial, circa 1995.
2- El Índice de Desarrollo Humano de cada lengua se basa en datos del PNUD, Informe sobre Desarrollo Humano 1995.
3- Sólo se tienen en cuenta los Estados soberanos.
4- En millones de dólares estadounidenses, en su mayoría de 1992.

5- Traducciones de cada lengua a otras lenguas, según el Anuario UNESCO 1993, con datos sobre 1987.
6- Valor binario: oficialidad en la ONU= 1.
7- El Índice de Internacionalidad de las Lenguas (IIL) se basa en una ecuación que tiene en cuenta los anteriores factores ponderados según el coeficiente 8.

Fuente: Otero (1995).

Si la sociedad no reaccionase contra la dislocación lingüística, el mundo presentaría el aspecto de un desmenuzamiento de dialectos que se diferenciarían cada vez más. Pero los que hablan una lengua tienden siempre a conservarla idéntica.

Joseph Vendryes. El lenguaje (1921).

por su estatus de oficialidad, más del 90% de la superficie emergida del planeta.

Las lenguas de la ONU

Ante la inabarcable diversidad lingüística mundial, el sistema de las Naciones Unidas ha optado por trabajar con seis lenguas a las que confiere la calidad de lenguas oficiales dentro de sus foros internacionales. Las lenguas oficiales de la ONU son el chino, el inglés, el francés, el árabe, el ruso y el español. Más allá de

la operatividad de manejar unas pocas lenguas como instrumentos de trabajo, lo cierto es que el territorio por el que se extiende el uso de los idiomas oficiales de las Naciones Unidas, bien como primeras bien como segundas lenguas, cubre más de las cuatro quintas partes de la superficie mundial. Es interesante advertir que el chino, siendo la lengua con mayor número de hablantes, ocupa una superficie que apenas sobrepasa el 7,2%.

Lenguas y hablantes

Las dificultades que existen para contar los hablantes de las lenguas del mundo afectan incluso a las 10 más habladas. Por un lado, no existen en todas partes censos lingüísticos que utilicen criterios homogéneos y universales; por otro, el concepto de 'hablante' reviste suficiente ambigüedad como para que toda adición y comparación hayan de tomarse con prudencia. Debido a estas imprecisiones, las lenguas que encabezan la clasificación mundial por número de hablantes no coinciden en todas

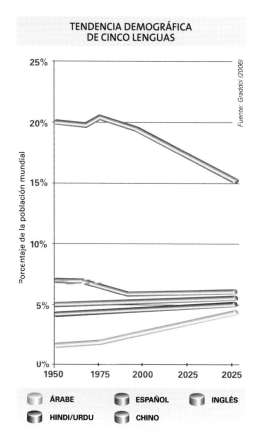

TENDENCIA DEMOGRÁFICA DE CINCO LENGUAS

Fuente: Graddol (2006)

ÁRABE — ESPAÑOL — INGLÉS — HINDI/URDU — CHINO

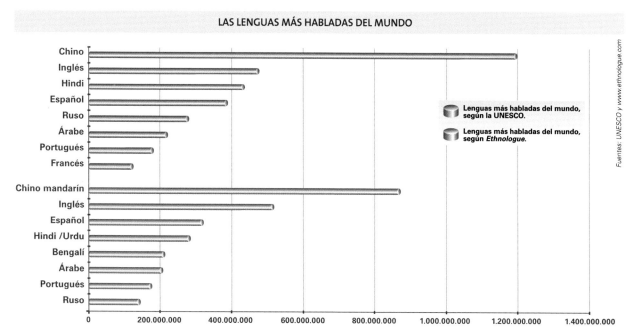

LAS LENGUAS MÁS HABLADAS DEL MUNDO

Lenguas más habladas del mundo, según la UNESCO.

Lenguas más habladas del mundo, según *Ethnologue*.

Fuentes: UNESCO y www.ethnologue.com

**Doce lenguas internacionales
(oficiales en más de un Estado)
cubren el 96% de la superficie
emergida del planeta.**

las fuentes ni en lo que se refiere al
orden ni en lo que afecta a las cantidades. El español se mueve entre las
posiciones tercera y cuarta, aunque
se considera la posibilidad de que en
la primera década del siglo XXI supe-
re al inglés en número de hablantes
nativos.

La evolución demográfica de cinco de las lenguas más habladas del
mundo (chino, inglés, español, hindi/
urdu y árabe) entre 1950 y 2050 refleja muy bien los movimientos del
panorama internacional. El chino es
una lengua que paulatinamente está viendo descender la proporción de
sus hablantes por razones de demografía mundial; esto no supone que
haya menos hablantes de chino en
cifras absolutas, sino en términos
relativos. Algo similar ocurre con los
hablantes que tienen la lengua inglesa como materna. Tanto el español
como el hindi/urdu están conociendo
un aumento moderado, pero continuo, de su número de hablantes, con-
dicionado también por el desarrollo
de su demografía. En cifras relativas,
la lengua árabe es la que va a experi-
mentar un mayor crecimiento, si bien
su punto de partida era más bajo que
el de las demás lenguas consideradas, sin olvidar que el árabe es una
lengua fuertemente dialectalizada
en sus manifestaciones orales.

Internacionalidad de las lenguas

El peso demográfico es un elemento
importante, pero no el único que se
ha utilizado para explicar la expansión de una lengua o su aceptación
como lengua internacional. La importancia internacional de las lenguas
puede medirse de distintas formas.
Una de ellas consiste en combinar
criterios que se consideran relevantes para el uso y el prestigio de las
lenguas. Algunos de esos criterios

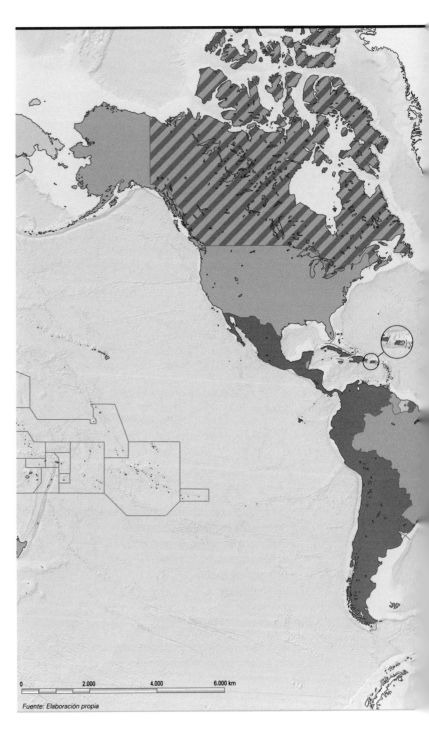

0   2.000   4.000   6.000 km

Fuente: Elaboración propia

pueden ser, además del número de
hablantes, su extensión geográfica, el
número de países en los que tienen
el rango de oficiales, el índice de de-

sarrollo humano (que combina nivel
educativo, esperanza de vida y renta
per cápita) de sus hablantes, la capacidad comercial de los países donde

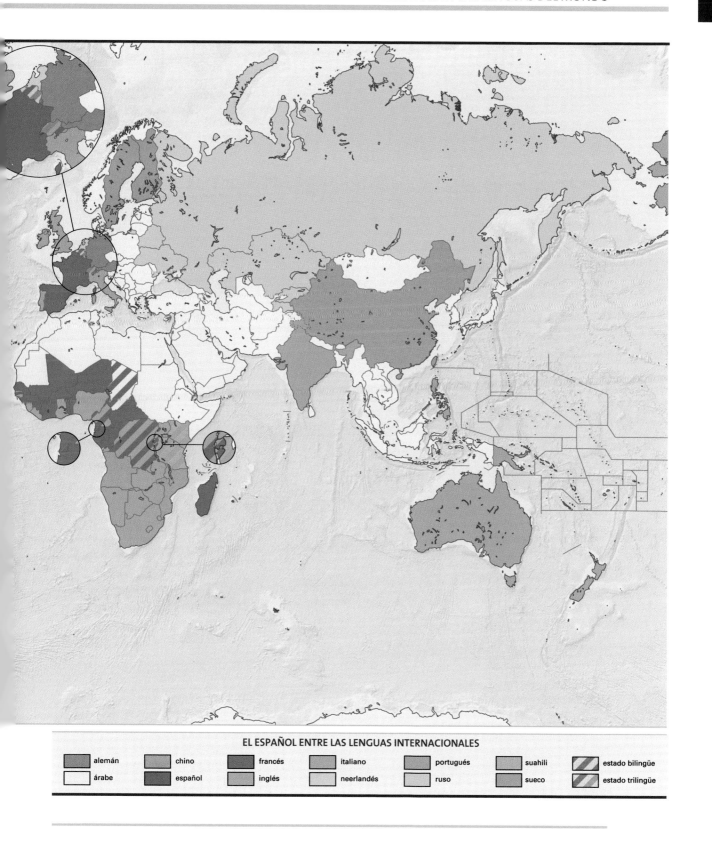

EL ESPAÑOL ENTRE LAS LENGUAS INTERNACIONALES

alemán	chino	francés	italiano	portugués	suahili	estado bilingüe
árabe	español	inglés	neerlandés	ruso	sueco	estado trilingüe

esas lenguas son oficiales, la tradición literaria o científica que expresan o su papel en la diplomacia multilateral. Más difícil de medir resulta un factor decisivo para determinar el estatus internacional de una lengua: su uso como vehículo de comunicación entre hablantes de distintas lenguas. En otras palabras: cuántas personas conocen una lengua sin ser la suya propia y con qué intensidad se emplea en contextos no nativos.

La mayoría de las lenguas consideradas internacionales destaca en uno o más de estos criterios. En la actualidad, el inglés sobresale en todos ellos. Singularmente, es la de mayor superficie geográfica (cerca de un 30% de la superficie) y en número de hablantes que hacen uso de ella como vehículo de comunicación internacional y como lengua franca. Es el idioma predominante en las re-

laciones entre Estados y en los foros multilaterales. La producción científica en inglés aventaja con gran distancia a todas las demás lenguas. El uso de la lengua inglesa en actividades comerciales y culturales es cada vez mayor en todo el mundo, lo que le confiere un gran prestigio internacional y la lleva a ocupar un lugar muy destacado en las preferencias de los estudiantes de lenguas extranjeras y en las páginas de Internet.

Otras grandes lenguas internacionales destacan por su extensión geográfica, como el ruso, o por el número de países donde son oficiales, como el francés, el portugués o el árabe. El francés, el alemán y el italiano conservan gran influencia cultural o científica. El japonés y el sueco son modelos de lenguas poco extendidas fuera de sus países de origen, pero sus hablantes poseen un alto grado

de desarrollo humano. En número de hablantes, en número de países donde es oficial y en extensión geográfica, el español se encuentra entre las cinco primeras lenguas del mundo. Entre otras lenguas internacionales, el español destaca por su cohesión: en su mayor parte, los países donde es oficial son contiguos, y dentro de ellos la proporción de los hablantes nativos de español supera el 90%.

Entre las seis lenguas de las Naciones Unidas, el español presenta la mayor cohesión interna, según la proporción de hablantes nativos en relación con la población de cada país.

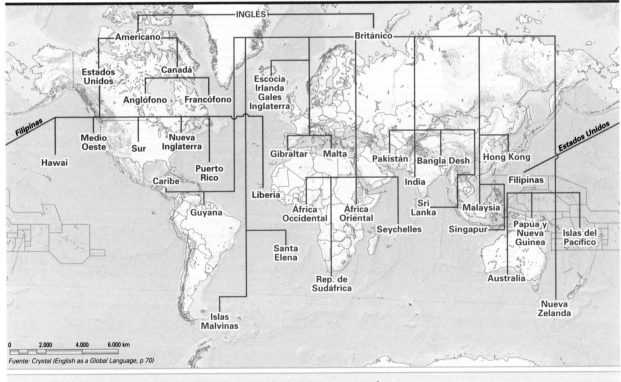

Fuente: Crystal (English as a Global Language, p 70)

DIFUSIÓN MUNDIAL DEL INGLÉS

RELACIÓN ENTRE LOS HABLANTES DE SEIS LENGUAS Y LA POBLACIÓN DE LOS PAÍSES DONDE SON OFICIALES

Lengua	Hablantes	Población	Porcentaje
Árabe	252.800.600	324.022.000	78,0%
Chino	926.268.000	1.338.782.000	69,2%
Español	362.288.700	399.169.000	90,8%[1]
Francés	71.256.010	341.024.500	20,9%
Inglés	398.701.849	2.070.723.200	19,3%
Ruso	144.439.000	231.658.000	62,4%

[1] *Este porcentaje no coincide con el de la demografía hispánica porque los valores de 'Población' (de los países donde es oficial) están basados en estimaciones de mediados de 2005 y, por tanto, son de mayor cuantía que las de aquella, basadas en los últimos censos nacionales. Si se aplicara el porcentaje resultante en nuestra demografía (96,9), el número de hablantes nativos de español en los países donde es oficial alcanzaría los 385,5 millones.*

Fuente: Moreno y Otero (2007)

PARA SABER MÁS

Crystal, David (2003): *English as a global language*. 2ª. ed. Cambridge: Cambridge University Press.

Graddol, David (2006): *English Next*. Plymouth: The British Council.

Maurais, Jacques y M. Morris, (2003): *Languages in a Globalising World*. Cambridge: Cambridge University Press.

Marqués de Tamarón (1995): *El peso de la lengua española en el mundo*. Valladolid: INCIPE-Universidad de Valladolid-Fundación Duques de Soria.

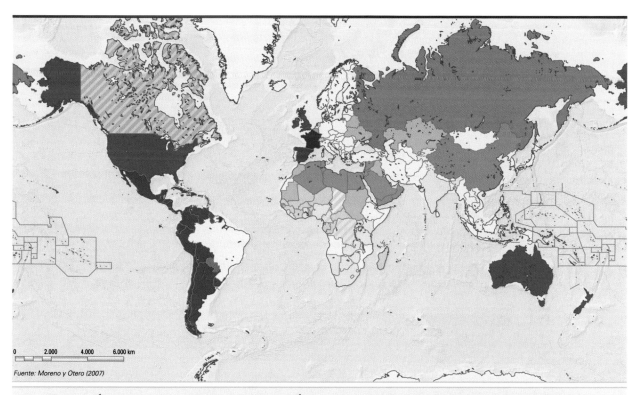

0   2.000   4.000   6.000 km

Fuente: Moreno y Otero (2007)

PROPORCIÓN DE HABLANTES Y HABITANTES DE LOS PAÍSES EN QUE SE HABLAN LAS SEIS LENGUAS OFICIALES DE LA ONU

Árabe
- más del 80%
- del 60 al 80%
- del 25 al 60%
- menos del 25%

Chino
- más del 80%
- del 60 al 80%
- del 25 al 60%
- menos del 25%

Español
- más del 80%
- del 60 al 80%
- del 25 al 60%
- menos del 25%

Francés
- más del 80%
- del 60 al 80%
- del 25 al 60%
- menos del 25%

Inglés
- más del 80%
- del 60 al 80%
- del 25 al 60%
- menos del 25%

Ruso
- más del 80%
- del 60 al 80%
- del 25 al 60%
- menos del 25%

países con dos lenguas oficiales

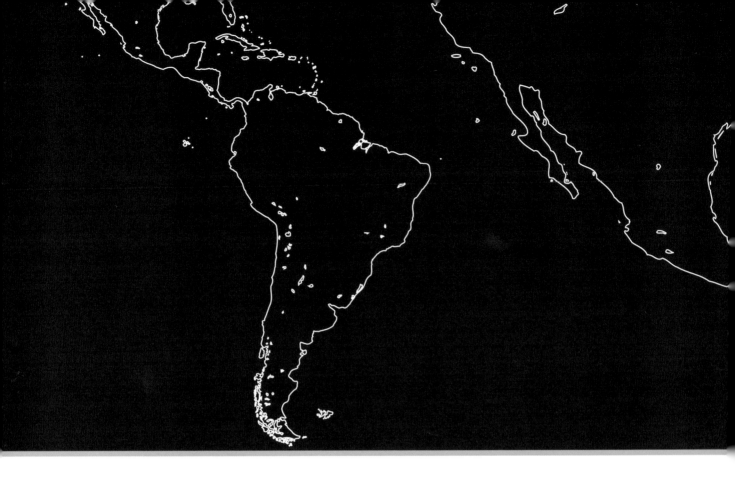

PANORAMA DE LA COMUNIDAD HISPÁNICA

Las lenguas española y portuguesa ocupan una importante extensión geográfica del hemisferio occidental. En la península Ibérica conviven desde hace siglos junto a lenguas como el catalán, el gallego, el vasco y otras modalidades lingüísticas. En América, la contigüidad de los territorios donde se habla español y portugués los convierte en dominios lingüísticos de gran magnitud. Ambas son las lenguas constitutivas de la Comunidad Iberoamericana de Naciones, que reúne a veintidós "Estados soberanos de América y Europa de habla española y portuguesa". Se encuentran además en el Mercosur y en otras organizaciones interamericanas. El portugués tiene una presencia significativa en el continente africano, donde es oficial en Angola, Cabo Verde, Mozambique y Santo Tomé y Príncipe. El español es oficial en Guinea Ecuatorial y en las ciudades españolas de Ceuta y Melilla, además del archipiélago canario. La presencia de ambas lenguas, sin embargo, es muy reducida en Oriente, con apenas algunos enclaves (Timor, Filipinas).

Características del español

La población de los países hispanohablantes convierte a la comunidad hispánica en una de las culturas con mayor peso demográfico en el panorama mundial. La lengua española reúne unas características lingüísticas que le han permitido, en gran medida, llegar a ser una importante lengua mundial. Se trata de una lengua con un alto grado de homogeneidad, que hace que sus diferencias internas no sean extremas ni impidan gravemente la comunicación. La homogeneidad se fundamenta en la simplicidad de su sistema vocálico (5 elementos), la amplitud del sistema consonántico compartido por todo el mundo hispánico, la dimensión del léxico patrimonial compartido (léxico fundamental) y la comunidad de una sintaxis elemental. Por otro lado, el español es una de las lenguas de cultura más universales, por la historia y la capacidad de influencia de su literatura, y es una lengua internacional, con carácter oficial y vehicular en 21 países del mundo. Además, el español disfruta de una geografía muy compacta y de una demografía en constante expansión desde la colonización y, principalmente, desde el siglo XX. Aunque el territorio correspondiente al mundo hispánico incluye grandes zonas bilingües o plurilingües, ofrece en términos generales un índice de comunicatividad muy alto y un índice de diversidad bajo o mínimo. Se habla de comunicatividad alta cuando en una comunidad plurilingüe existe una lengua concreta que sirve de medio de comunicación en toda la sociedad; se habla de diversidad para aludir a la probabilidad de encontrar dos hablantes, elegidos al azar, que hablen lenguas diferentes: en el caso de los países hispánicos, si

GEOGRAFÍA DEL MUNDO HISPÁNICO

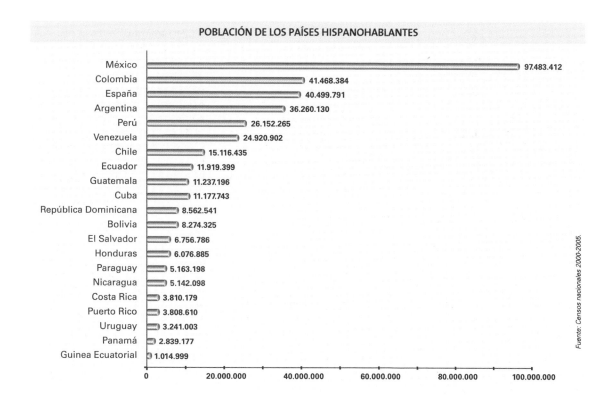

POBLACIÓN DE LOS PAÍSES HISPANOHABLANTES

México	97.483.412
Colombia	41.468.384
España	40.499.791
Argentina	36.260.130
Perú	26.152.265
Venezuela	24.920.902
Chile	15.116.435
Ecuador	11.919.399
Guatemala	11.237.196
Cuba	11.177.743
República Dominicana	8.562.541
Bolivia	8.274.325
El Salvador	6.756.786
Honduras	6.076.885
Paraguay	5.163.198
Nicaragua	5.142.098
Costa Rica	3.810.179
Puerto Rico	3.808.610
Uruguay	3.241.003
Panamá	2.839.177
Guinea Ecuatorial	1.014.999

Fuente: Censos nacionales 2000-2005.

LENGUAS OFICIALES DE IBEROAMÉRICA SEGÚN SUS CONSTITUCIONES			
Argentina (1994):	No se menciona lengua oficial	Honduras (1982):	Español
Bolivia (1994):	Castellano	México (1917):	No se menciona lengua oficial
Brasil (1988):	Lengua portuguesa y lengua de signos brasileña	Nicaragua (1987):	Español (lenguas de las Comunidades de la Costa Atlántica, uso oficial)
Chile (2001):	No se menciona lengua oficial	Panamá (1972):	Español
Colombia (1991):	Castellano; lenguas y dialectos de los grupos étnicos en sus territorios	Paraguay (1992):	Castellano y guaraní
Costa Rica (1949):	Español	Perú (1993):	Castellano (quechua, aimara y demás lenguas aborígenes, también donde predominen)
Cuba (1976):	Español	Portugal	Portugués
Ecuador (1998):	Castellano (quichua, shuar y otros idiomas ancestrales de uso oficial para los pueblos indígenas).	Puerto Rico (1952):	Español e inglés
El Salvador (1983):	Castellano	Rep. Dominicana (1994):	No se menciona lengua oficial
España (1978):	Castellano. Las demás lenguas españolas en las respectivas Comunidades Autónomas según sus Estatutos (catalán, gallego, vasco, valenciano). Protección a las 'distintas modalidades lingüísticas'.	Uruguay (1967):	No se menciona lengua oficial
Guatemala (1985):	Español	Venezuela (1999):	Castellano (idiomas indígenas, de uso oficial)

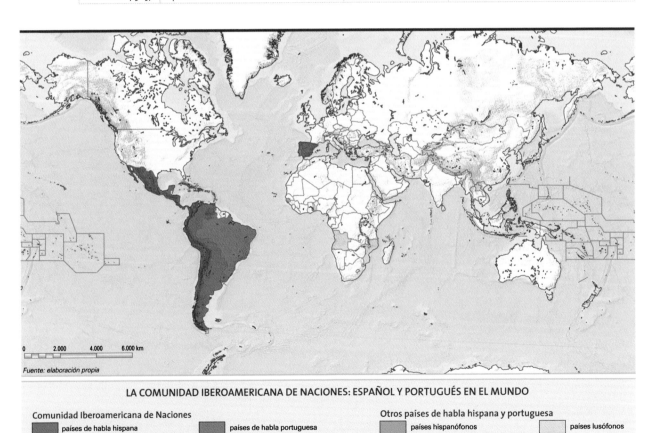

0   2.000   4.000   6.000 km

Fuente: elaboración propia

LA COMUNIDAD IBEROAMERICANA DE NACIONES: ESPAÑOL Y PORTUGUÉS EN EL MUNDO

Comunidad Iberoamericana de Naciones

☐ países de habla hispana   ☐ países de habla portuguesa

Otros países de habla hispana y portuguesa

☐ países hispanófonos   ☐ países lusófonos

«hablar» una lengua se entiende como «usar» una lengua, la diversidad sería muy baja.

Variedades del español

Como toda lengua natural, especialmente cuando el dominio geográfico es muy extenso, el español presenta variedades internas que permiten identificar a los hablantes de diferentes regiones por su pronunciación, su vocabulario y sus construcciones gramaticales y discursivas. En líneas generales, existen dos tipos de modalidades que se encuentran tanto en España como en los territorios americanos: una modalidad más conservadora, como la del español de Castilla, el interior de México o de los Andes, y una modalidad innovadora, como la del español de Andalucía y Canarias, del Caribe o del Río de la Plata. No obstante, es posible distinguir ocho importantes variedades dialectales o geolectales del español en el mundo: en España, la castellana, la andaluza y la canaria; en América, la caribeña,

la mexicano-centroamericana, la andina, la rioplatense y la chilena. Estas variedades presentan también usos propios de territorios de menor extensión. El área caribeña incluye los territorios continentales de la Costa. La particularidad chilena tiene su origen en las especiales condiciones geográficas del dominio.

En contacto con otras lenguas

La amplitud del territorio hispánico lleva a la lengua española a entrar en contacto con numerosas variedades lingüísticas de familias y perfiles sociolingüísticos diferentes. En la pe-

El español es una lengua que mantiene su unidad idiomática fundamental, dentro, naturalmente, de las múltiples variedades coexistentes que se dan en cualquier lengua histórica.

José Joaquín Montes Giraldo.
La bipartición dialectal
del español *(2001).*

PARA SABER MÁS

Hernández, C. (1992): *Historia y presente del español de América.* Valladolid: Junta de Castilla y León.

Moreno, F. y Otero, J. (2007): *Demografía de la lengua española.* Madrid: Instituto Complutense de Estudios Internacionales.

Penny, R. (2004): *Variación y cambio en español.* Madrid: Gredos.

EL ESPAÑOL COMO LENGUA INTERNACIONAL

1. El español es un idioma homogéneo.

2. El español es una lengua de cultura de primer orden.

3. El español es una lengua internacional; tiene un carácter oficial y vehicular en 21 países del mundo.

4. El español es una lengua geográficamente compacta: la mayor parte de los países hispanohablantes ocupa territorios contiguos.

5. El español es una lengua en expansión.

6. El territorio hispánico ofrece un índice de comunicatividad muy alto y un índice de diversidad bajo o mínimo.

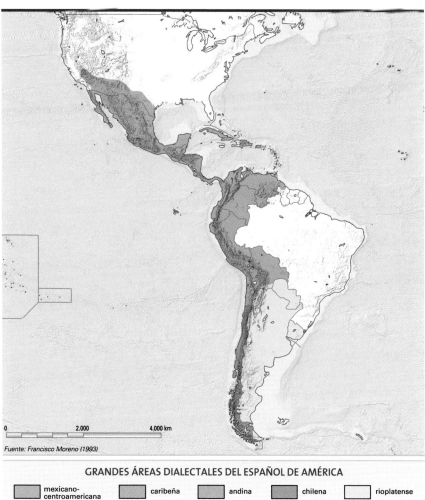

Fuente: Francisco Moreno (1993)

0   2.000   4.000 km

GRANDES ÁREAS DIALECTALES DEL ESPAÑOL DE AMÉRICA

mexicano-centroamericana · caribeña · andina · chilena · rioplatense

nínsula Ibérica convive en estrecho contacto desde hace muchos siglos con dos lenguas románicas (gallego y catalán, en sus diversas modalidades) y una lengua no-indoeuropea (el vasco), además del árabe, en el Norte de África. En América tiene contacto con otras lenguas coloniales occidentales, principalmente con el inglés, al norte del dominio, y con el portugués, en América del Sur. La historia del contacto entre los españoles colonizadores y los indígenas de América es sumamente interesante desde un punto de vista lingüístico porque, si bien propició la reducción o desaparición de numerosas lenguas minoritarias, también contribuyó a la enorme difusión de algunas de ellas, todavía hoy con importantes comunidades de hablantes, y al intercambio de influencias y transferencias lingüísticas, cuyo resultado se observa en las voces americanas de origen indígena que se han generalizado en español: *tomate, papa, chocolate, barbacoa, huracán, maíz, boniato, aguacate, tiza, cancha, pampa* o *maraca*.

Denominación de la lengua

La historia de la lengua en cada territorio explica el uso de las dos denominaciones más difundidas para nuestra lengua: *español* o *lengua española* y *castellano* o *lengua castellana*. En algunos territorios, se prefiere el uso de la denominación más arraigada por tradición; en otros, se asocia *español* a la idea de "España" y se prefiere el término castellano, que parece marcar cierta distancia respecto de la forma de hablar de los españoles; en otros casos, el nombre *castellano* se identifica con su región de origen y se prefiere la denominación *español* por ser más general y abarcadora. Las constituciones americanas también reflejan esta alternancia, aunque algunas de ellas no hacen alusión en su articulado a la oficialidad de ningún idioma. En líneas generales, América del Sur prefiere el término *castellano*, mien-

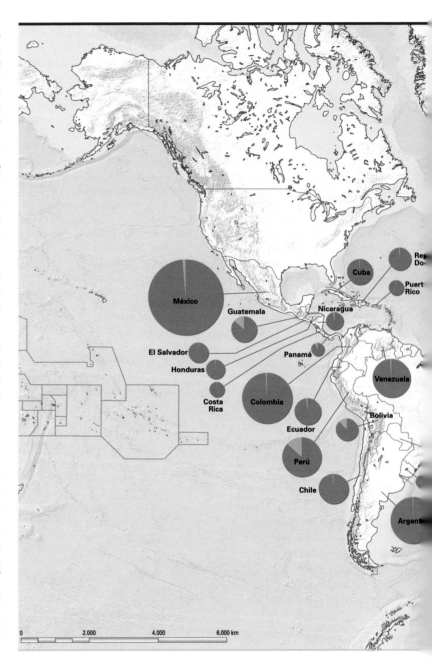

tras que Centroamérica y el Caribe se inclinan más por *español*. En España, la denominación oficial es la de *castellano* y así se usa también por tradición en diversas áreas, como Castilla o los territorios donde se hablan lenguas co-oficiales (Galicia, País Vasco, Navarra, Cataluña, Valen-cia, Baleares). Sin embargo el uso de *español* está también muy extendido, principalmente en el Sur de España. Internacionalmente, el nombre más difundido es *español* y este es el preferido por los lingüistas. En los últimos años ha ido ganando terreno la etiqueta de "habla hispana".

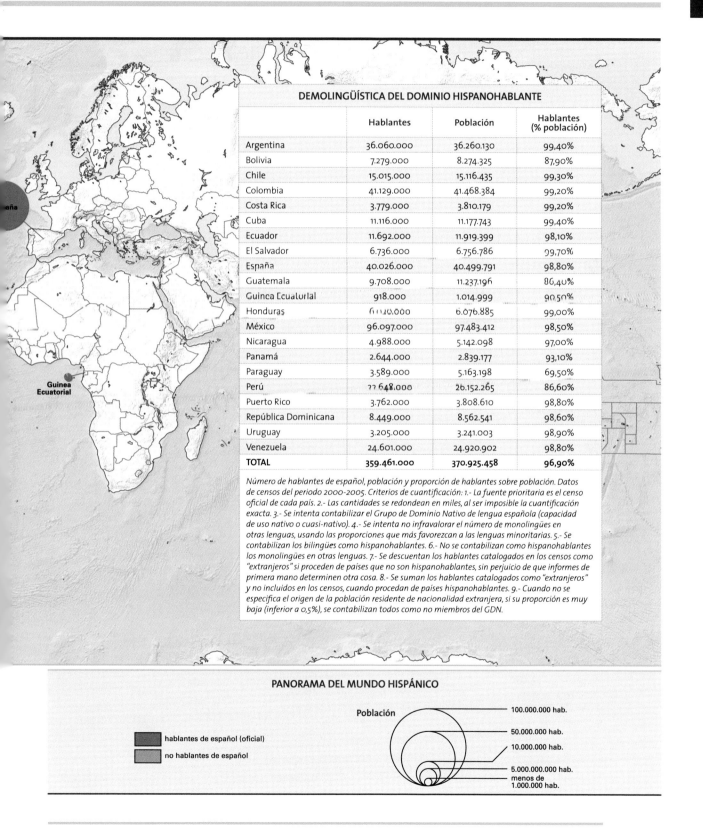

DEMOLINGÜÍSTICA DEL DOMINIO HISPANOHABLANTE

	Hablantes	Población	Hablantes (% población)
Argentina	36.060.000	36.260.130	99,40%
Bolivia	7.279.000	8.274.325	87,90%
Chile	15.015.000	15.116.435	99,30%
Colombia	41.129.000	41.468.384	99,20%
Costa Rica	3.779.000	3.810.179	99,20%
Cuba	11.116.000	11.177.743	99,40%
Ecuador	11.692.000	11.919.399	98,10%
El Salvador	6.736.000	6.756.786	99,70%
España	40.026.000	40.499.791	98,80%
Guatemala	9.708.000	11.237.196	86,40%
Guinea Ecuatorial	918.000	1.014.999	90,50%
Honduras	6.010.000	6.076.885	99,00%
México	96.097.000	97.483.412	98,50%
Nicaragua	4.988.000	5.142.098	97,00%
Panamá	2.644.000	2.839.177	93,10%
Paraguay	3.589.000	5.163.198	69,50%
Perú	22.648.000	26.152.265	86,60%
Puerto Rico	3.762.000	3.808.610	98,80%
República Dominicana	8.449.000	8.562.541	98,60%
Uruguay	3.205.000	3.241.003	98,90%
Venezuela	24.601.000	24.920.902	98,80%
TOTAL	**359.461.000**	**370.925.458**	**96,90%**

Número de hablantes de español, población y proporción de hablantes sobre población. Datos de censos del periodo 2000-2005. Criterios de cuantificación: 1.- La fuente prioritaria es el censo oficial de cada país. 2.- Las cantidades se redondean en miles, al ser imposible la cuantificación exacta. 3.- Se intenta contabilizar el Grupo de Dominio Nativo de lengua española (capacidad de uso nativo o cuasi-nativo). 4.- Se intenta no infravalorar el número de monolingües en otras lenguas, usando las proporciones que más favorezcan a las lenguas minoritarias. 5.- Se contabilizan los bilingües como hispanohablantes. 6.- No se contabilizan como hispanohablantes los monolingües en otras lenguas. 7.- Se descuentan los hablantes catalogados en los censos como "extranjeros" si proceden de países que no son hispanohablantes, sin perjuicio de que informes de primera mano determinen otra cosa. 8.- Se suman los hablantes catalogados como "extranjeros" y no incluidos en los censos, cuando procedan de países hispanohablantes. 9.- Cuando no se especifica el origen de la población residente de nacionalidad extranjera, si su proporción es muy baja (inferior a 0,5%), se contabilizan todos como no miembros del GDN.

Guinea
Ecuatorial

PANORAMA DEL MUNDO HISPÁNICO

hablantes de español (oficial)

no hablantes de español

Población

100.000.000 hab.

50.000.000 hab.

10.000.000 hab.

5.000.000.000 hab.
menos de
1.000.000 hab.

EL CARIBE

La historia lingüística del Caribe nos habla del encuentro de pueblos diferentes, portadores de lenguas distintas que han ejercido su influencia las unas sobre las otras. Las familias indígenas de mayor presencia en los territorios insulares fueron la *arahuaca* y la *caribe*. A la primera se debe el primer indigenismo del español: la palabra *canoa*. A la segunda pertenecen muchas lenguas distribuidas tanto por las islas como por los territorios de las actuales Colombia, Venezuela, Guayanas y Brasil. La presencia indígena en las islas caribeñas ha ido reduciéndose o desapareciendo paulatinamente y el paso del tiempo ha convertido al español en la lengua más extensa de la región. Su presencia en los países caribeños en los que el español es lengua oficial supera un conocimiento de más del 95% de la población y en los territorios no hispánicos del Caribe se han contado cerca de 350.000 hablantes de español, sin incluir aquellos que lo conocen con fines comerciales, turísticos o culturales.

Criollos del Caribe

Por otro lado, el Caribe es el ámbito americano en el que se han dado cita todas las grandes lenguas europeas de la colonización: inglés, francés, portugués y holandés, junto al español. Como consecuencia de la coexistencia de estas lenguas de cultura con las lenguas indígenas, el Caribe se ha convertido en un espacio idóneo para la aparición de lenguas pidgin y de lenguas criollas. Algunas de las más conocidas son el *créole* haitiano (criollo del francés; lengua co-oficial en

INDIGENISMOS EN EL ESPAÑOL DEL CARIBE	
Del arahuaco:	*batata, bohío, caimán, caníbal, canoa, carey, colibrí, enaguas, hamaca, iguana, maíz, sabana, tiburón.*
Del caribe:	*cacique, huracán, piragua, tabaco.*

El contacto de lenguas indígenas, europeas y africanas ha dado como resultado un variado panorama de lenguas de mezcla alrededor del Caribe.

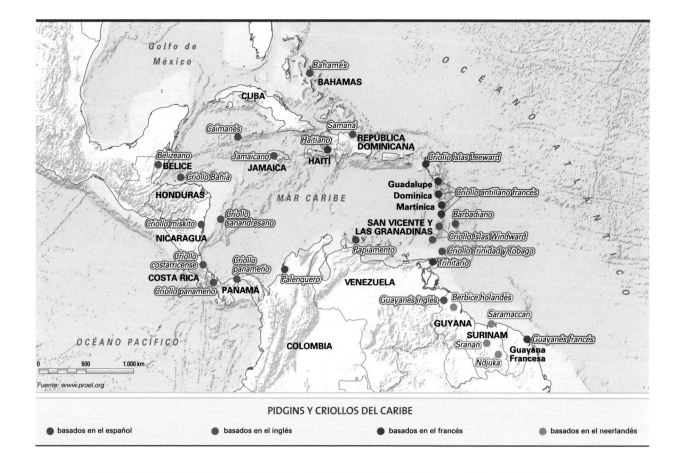

PIDGINS Y CRIOLLOS DEL CARIBE

● basados en el español ● basados en el inglés ● basados en el francés ● basados en el neerlandés

*Descubren a los indios,
morenos, desnudos,
ingenuos, y tratan de
hablar con ellos, pero no se
entienden. De nada le sirven
a Colón sus intérpretes,
expertos en latín, griego,
árabe, arameo.*

Humberto López Morales.
La aventura del español
en América *(1998)*.

Haití), el criollo de Samaná o el criollo jamaicano (criollos del inglés). Para nuestros intereses deben destacarse el *palenquero* y el *papiamento*.

Papiamento. Esta lengua criolla hispánica se formó a lo largo del siglo XVII en la isla de Curaçao y hoy se utiliza en esa isla y en las islas de Aruba y de Bonaire, que forman parte de las Antillas Holandesas. Se trata de una variedad que es resultado de la mezcla de varias lenguas: el español, el portugués, el holandés y lenguas africanas. La lengua oficial de las Antillas Holandesas es el holandés, sin embargo casi el 80% de una población de unos 250.000 habitantes habla el papiamento.

Palenquero. Esta variedad se ha desarrollado desde finales del siglo XVII en Palenque de San Basilio (departamento de Bolívar), cerca de Cartagena, en Colombia. Los palenques fueron grupos de negros cimarrones que huyeron a lugares apartados para poder mantener su independencia y su cultura. En este ambiente se fueron fraguando unas variedades que incluían numerosos elementos de origen africano. En la actualidad, el palenquero está desapareciendo y no existen hablantes monolingües de esta variedad.

Rasgos del español caribeño

Desde la perspectiva del uso de la lengua española, se consideran territorios lingüísticamente caribeños tanto las Antillas como las costas de

los países circundantes. Así pues, las áreas costeñas de Venezuela y Colombia, así como de Centroamérica y México participan de las características del español del Caribe. En términos generales, el español caribeño configura una de las grandes áreas del mundo hispánico, caracterizada por su tendencia a favorecer los usos más innovadores en el plano fonético (debilitamiento de consonantes en posición final de sílaba), junto a ciertos rasgos particulares del área (por ejemplo, orden del pronombre en las interrogativas: *¿qué tú quieres?*). Naturalmente, el Caribe comparte muchas de las características generales del español de América, como el yeísmo, el seseo, el uso de *ustedes* para segunda persona del plural, la preferencia del pretérito indefinido sobre el perfecto (*¿qué pasó? / ¿qué ha pasado?*) o el uso de americanismos generales, como *pararse* 'ponerse de pie', *friolento* 'friolero', *plomero* 'fontanero', y de marinerismos generales, como, *botar* ´tirar´ o *virar* 'girar'.

Ello no impide, como ya se ha dicho, que existan especificidades, como el uso de indigenismos de la zona (*ají* 'guindilla') o de afronegrismos regionales, como *bemba* 'labios gruesos', *chango* 'especie de mono' o *chiringa* 'cometa ligera'.

Los sonidos del Caribe

Efectivamente, el español caribeño comparte el suficiente número de rasgos como para recibir el tratamiento de área hispánica, no obstan-

Fuente: M. Vaquero (1986)

PUERTO RICO. NOMBRES DEL BANCO DE PESCADO.

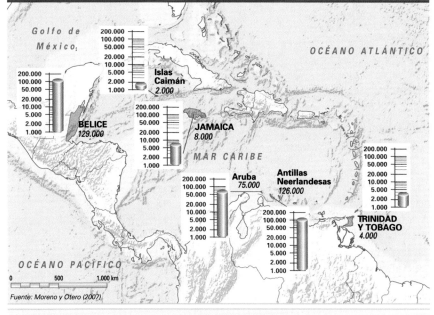

HABLANTES DE ESPAÑOL EN EL CARIBE NO HISPANO

territorios caribeños con hispanohablantes donde el español no es lengua oficial

8.000 número de hablantes de español

te cada isla y territorio continental tiene una personalidad lingüística suficientemente marcada. Así, es característico de la República Dominicana vocalizar la consonante /r/ en interior de palabra ([káine] 'carne') y de Puerto Rico, la velarización de la rr múltiple, que se pronuncia casi como la jota castellana, o la frecuente lateralización de /r/ en final de sílaba: [komél] 'comer', [pwélto] ' puerto'. En Cuba es muy intensa la pérdida de la /s/ final de sílaba, como ocurre también en la República Dominicana, sin embargo en Puerto Rico es más frecuente la aspiración. Como es normal en las lenguas naturales, cada uno de estos territorios identifica también sus áreas lingüísticas internas y utiliza variantes para la designación de unas mismas realidades. En la República Dominicana el territorio se divide, por ejemplo, según las formas de pronunciar la /r/ final de sílaba: para *carne*, tenemos [káine] al Norte, [kárne] al Suroeste, [kálne] al Sur y [kánne] al Sureste.

El anglicismo

El uso de la lengua española en el Caribe se revela especialmente interesante en su convivencia con la lengua inglesa, no solo por ser la lengua de comunicación en algunas de las Antillas menores, sino por la proximidad de los Estados Unidos, con to-

do lo que ello supone de influencia política, económica y cultural. Esa convivencia se hace más evidente en el caso de Puerto Rico, dada su condición de Estado Libre Asociado respecto de los EE.UU. Podría pensarse que tal estatus político, unido a la fuerte emigración de puertorriqueños a tierras estadounidenses, muy singularmente a Nueva York y Nueva Jersey, habría conducido irremisible-

PARA SABER MÁS
Alba, O. (2005):
Cómo hablamos los dominicanos
<http://www.glj.com.do>
López Morales, H. (1998):
La aventura del español en América. Madrid: Espasa-Calpe.
López Morales, H. (1992):
El español del Caribe.
Madrid: Mapfre.
Vaquero, M. (1986):
Léxico marinero de Puerto Rico y otros estudios.
Madrid: Playor.

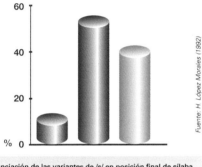

PRONUNCIACIÓN EN PUERTO RICO

Fuente: H. López Morales (1992)

Pronunciación de las variantes de /s/ en posición final de sílaba

- s (adiós)
- h (adióh)
- Ø (adió)

ESPAÑOL DEL CARIBE		
Fonética - fonología	**Gramática**	**Léxico**
• Alargamiento de vocales tónicas • Seseo • Yeísmo • Aspiración, debilitamiento y pérdida de consonantes en posición final de sílaba, especialmente de /s/: [áhta] 'asta', [mésah] 'mesas', [berdá] 'verdad' • Nasalización de vocales en contacto con nasal final; también con pérdida de la nasal: [sãŋ hwã] 'San Juan'; [pãn] ' pan' • Aspiración de *j-g*: [káha] • Pronunciación de [l] de *-r*: [beldá] 'verdad' (Puerto Rico) • Vocalización de *-r* en [i]: [béide] 'verde' (República Dominicana) • Debilitamiento y asimilación de *-r*: [komé] 'comer', [kobbáta] 'corbata' (Cuba, Puerto Rico, costa caribeña de Panamá y Colombia) • Velarización de r múltiple (*carro* pronunciado como *cajo*) (Puerto Rico) • Velarización de nasal final de sílaba: [pãŋ] 'pan'	• Uso de pronombre tras verbo en interrogativas: *¿qué tú quieres?* • Uso expreso de pronombre personal sujeto: *¿tú te quedas o tú te vas?* • Uso de *ustedes, su, suyo/a(s), se* con valor de segunda persona del plural • Posposición de posesivos: *el hijo mío, la casa de nosotros* • Uso de pretérito indefinido por pretérito perfecto • Diminutivo afectivo en adverbios, gerundios, ...: *ahorita, corriendito* • Diminutivo con *-ic-*: *gatico, ahoritica* (Cuba) • Diminutivo *la manito* • Tuteo • Adverbialización de adjetivos: *canta bonito, habla lindo, pega duro* • Uso frecuente de *acá y allá; no más; recién* (sin participio); *cómo no* • Derivaciones específicas en *-oso* y *-ada*: *molestoso, cachetada, papelada* • Uso de *luego de* 'después de'	• Usos léxicos americanos: *pararse* 'ponerse de pie/vertical', *friolento* 'friolero', *balacera* 'tiroteo', *soya* 'soja', *cachetes* 'mejillas', *cuadra* 'manzana', *egresar* 'graduarse', *concreto* 'hormigón', *plomero* 'fontanero', *frijol* 'alubia' • Marinerismos: *botar* 'tirar', *virar* 'girar', *guindar* 'colgar' • Indigenismos de uso americano: *ají* 'guindilla', *papaya* 'fruta de países cálidos' (arahuaco-taíno). • Afronegrismos regionales: *bemba* 'labios gruesos', *malambo* 'clase de machete', *chango* 'especie de mono', *chiringa* 'cometa ligera', *gongolí* 'gusano'.

mente a una sustitución lingüística del español por el inglés o, al menos, a una generalización del bilingüismo. Esto no ha ocurrido. El Censo del año 2000 demuestra que la proporción de puertorriqueños que usan habitualmente la lengua española en casa es superior al 85% y que más del 70% de los puertorriqueños declaran que no hablan el inglés muy bien. Aún así, el contacto socioeconómico y cultural es tan evidente como intenso y afecta tanto a Puerto Rico como a todo el Caribe. Eso podría apreciarse en el uso de anglicismos, que debería ser proporcionalmente mucho mayor en estos países que en otras zonas hispánicas. Los estudios comparativos demuestran, sin embargo, que la proporción de anglicis-

mos no es muy superior a la de otros lugares, si bien se hace más evidente en ámbitos específicos como el de los deportes (particularmente el *béisbol*) o el de la ropa.

Finalmente, merece resaltarse que el Caribe hispánico es un magnífico ejemplo de unidad en la diversidad de la lengua. El diferente rumbo social y político que las tres grandes Antiyas han ido tomando a lo largo de la historia explica sus diferencias internas y les confieren personalidad. Sin embargo, Cuba, la República Dominicana y Puerto Rico comparten una identidad lingüística caribeña, junto a los territorios costeños circundantes, al tiempo que son elementos fundamentales de la identidad lingüística hispánica.

Fuente: D.L. Canfield, Spanish pronounciation in the Americas (1981)

PRONUNCIACIÓN EN LA REPÚBLICA DOMINICANA

[káine] carne   [aŕóh] arroz

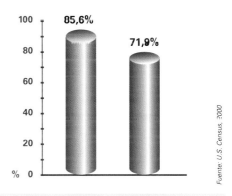

ESPAÑOL E INGLÉS EN PUERTO RICO

Fuente: U.S. Census, 2000

Población mayor de 5 años: 3.515.228 hab.

Hablan español en casa: 3.008.567 hab.

Saben inglés peor que "muy bien": 2.527.156 hab.

LUGAR	TOTAL DE VOCABLOS	ANGLICISMOS	DENSIDAD
REP. DOMINICANA	6.393	366	5,72%
PUERTO RICO	5.449	444	8,10%
MADRID	7.243	311	4,29%

DENSIDAD DE ANGLICISMOS EN EL LÉXICO DISPONIBLE DE LA REPÚBLICA DOMINICANA, PUERTO RICO Y MADRID

Fuente: O. Alba (2005).

CARTA DE NATIVIDAD SILLIE AL DOCTOR RODOLFO LENZ

Mi estimado señor:

Después de mi saludá-bo mi ta spera ku na drentada di es kortu linea aki den bo man, lo e kontrá-bo di un perfekto salud, según ta deseo di mi profundo i verdadera kurason. Mi ta spera ku lo bo dispensa tur falta di es karta aki ku mi ta dirihí na bo; pa motibu ku mi dukashon no por a yega na altura di bo. Pero sin embargo, mi ta desea ku puramente pa mi boluntar i kariñu ku mi ta dirihí-bo es karta aki, lo bo keda satisfecho i gradisido di mi. Resibí un abraso di bo afectisimo servidor Natividad Sillie.

Mi estimado señor:

Después de saludarle, espero que cuando estas breves líneas estén en sus manos, le encontrarán en un perfecto estado de salud, conforme al deseo de mi profundo y sincero corazón. Espero que disculpe todas las faltas de esta carta que le dirijo; en razón de que mi educación no pudo llegar a la altura de la suya. Pero, sin embargo, deseo que esté satisfecho y me quede agradecido, simplemente por mi voluntad y cariño con que le dirijo esta carta. Reciba un abrazo de su afectuosísimo servidor Natividad Sallie.

Texto en papiamento. Reproducido en Munteanu (1996).

MÉXICO Y CENTROAMÉRICA

La situación lingüística de México y Centroamérica es muy interesante porque allí se dan cita una serie de factores muy particulares. Se trata de un territorio con una importante presencia indígena, dominada por dos grandes familias lingüísticas: hacia el norte, el náhuatl, lengua de las aztecas, cuyas modalidades alcanzan la geografía del Sur de los Estados Unidos; hacia Centroamérica, la lengua maya, vehículo de comunicación de un potente imperio y dividida también en diversas modalidades. Estas familias, sin embargo, no son las únicas lenguas de la zona.

Las lenguas indígenas de México
Según el Censo de 2000, en México vivían más de 85 millones de personas de 5 años y más; de ellas, poco más de seis millones (7,1%) hablaban alguna lengua indígena. En los primeros años del siglo XXI, sin embargo, México superó los 100 millones

PRINCIPALES LENGUAS DE MÉXICO			
LENGUAS	POBLACIÓN INDÍGENA TOTAL	HABLAN LENGUA INDÍGENA	UBICACIÓN GEOGRÁFICA
Náhuatl	2.445.969	67,5%	Distrito Federal, Guanajuato, Guerrero, Hidalgo, Jalisco, México, Michoacán, Morelos, Oaxaca, Puebla, San Luis Potosí y Veracruz
Maya	1.475.575	60,5%	Campeche, Quintana Roo y Yucatán
Lenguas Zapotecas (Ben´zaa o binnizá o bene xon)	777.253	65,1%	Oaxaca y Veracruz
Lenguas Mixtecas (Ñuu Savi)	726.601	70,3%	Guerrero, Oaxaca y Puebla
Otomí (Ñahñú o hñä hñü)	646.875	50,6%	México, Hidalgo, Jalisco, Querétaro y Veracruz
Totonaca (Tachihuiin)	411.266	66,1%	Puebla y Veracruz
Tzotzil (Batzil K´op)	406.962	86,9%	Chiapas
Tzeltal (K´op o winik atel)	384.074	87,6%	Chiapas y Tabasco
Mazahua (Jñatjo)	326.660	46,5%	México y Michoacán
Mazateco (Ha shuta enima)	305.836	80,5%	Oaxaca y Veracruz
Huasteco (Teenek)	226.447	76,5%	San Luis Potosí y Veracruz
Chol (Winik)	220.978	85,8%	Campeche, Chiapas y Tabasco
Purépecha (P´urhépechas)	202.884	67,2%	Michoacán
Lenguas Chinantecas (Tsa jujmí)	201.201	75,9%	Oaxaca y Veracruz
Mixe (Ayook o ayuuk)	168.935	80,1%	Oaxaca
Tlapaneco (Me´phaa)	140.254	85,2%	Guerrero
Tarahumara (Rarámuri)	121.835	72,0%	Chihuahua
Mayo (Yoreme)	91.261	38,1%	Sinaloa y Sonora,
Zoque (O´de püt)	86.589	69,4%	Chiapas, Oaxaca y Veracruz
Chontal de Tabasco (Yokot´an)	79.438	55,2%	Tabasco
Popoluca (Núntahá´yi o tuncapxe)	62.306	71,0%	Veracruz
Chatino (Cha´cña)	60.003	79,6%	Oaxaca
Amuzgo (Tzañcue o tzjon noan)	57.666	84,7%	Guerrero y Oaxaca
Tojolabal (Tojolwinik otik)	54.505	81,7%	Chiapas
Huichol (Wirrárika)	43.929	83,9%	Jalisco y Nayarit
Tepehuano (O´dam)	37.548	80,8%	Durango
Triqui (Driki)	29.018	84,4%	Oaxaca
Popoloca	26.249	72,1%	Puebla
Cora (Naayeri)	24.390	80,0%	Nayarit
Mame (Qyool)	23.812	36,7%	Chiapas
Yaqui (Yoreme)	23.411	64,3%	Sonora
Cuicateco (Nduudu yu)	22.984	65,6%	Oaxaca
No especificada	**202.597**	**48,6%**	
Total	10.220.862	67,4%	

Fuentes: CDI-PNUD (2002) y CONACULTA, INI (1998).

de habitantes. De cada 10 hablantes, 6 residen en localidades con menos de 2.500 habitantes y el resto vive en áreas urbanas. La población hablante de lengua indígena está compuesta principalmente por jóvenes y niños: 52,5% tiene menos de 30 años; 39,4%, entre 30 y 64 años y 8,1% son adultos mayores de 65 años. En México se hablan entre 60 y 80 lenguas indígenas, según se tengan en cuenta sus variedades, lo que evidencia una gran riqueza étnica y cultural. Algunas de estas lenguas cuentan con un alto número de hablantes; otras, en

cambio, tienen un reducido número. El náhuatl es la lengua indígena con mayor volumen de hablantes (1,4 millones); le siguen el maya (800 mil); el mixteco (438 mil); el zapoteco (422 mil) y el tzotzil (298 mil). En el otro extremo, se encuentran el cucapá, con 178 hablantes; el pápago, con 141, y el kiliwa con 52 hablantes. Además de su lengua, un alto porcentaje de la población hablante de lengua indígena, 83,1%, también habla español. El número de mujeres monolingües es mayor que el de hombres (633 mil y 369 mil, respectivamente); esto se re-

fleja en las tasas de monolingüismo, las cuales señalan que 21 de cada 100 mujeres y 13 de cada 100 hombres no saben hablar español. En cuanto a las demás repúblicas centroamericanas, más de un millón también son los indígenas monolingües en Guatemala, mientras que la suma total de monolingües en los demás países apenas supera los 350.000.

Aunque las cifras absolutas de conocedores de las lenguas indígenas han ido aumentando con la demografía, lo cierto es que los porcentajes de hablantes monolingües se han ido

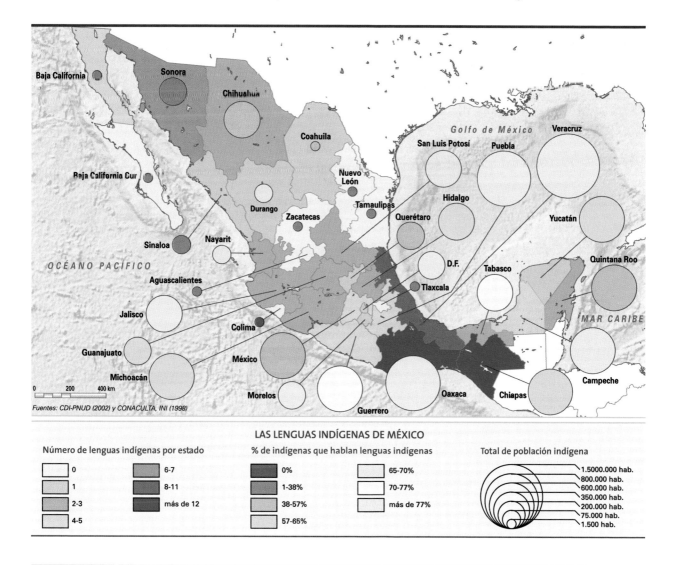

Fuentes: CDI-PNUD (2002) y CONACULTA, INI (1998)

LAS LENGUAS INDÍGENAS DE MÉXICO

Número de lenguas indígenas por estado	% de indígenas que hablan lenguas indígenas	Total de población indígena
0	0%	1.5000.000 hab.
1	1-38%	800.000 hab.
2-3	38-57%	600.000 hab.
4-5	57-65%	350.000 hab.
6-7	65-70%	200.000 hab.
8-11	70-77%	75.000 hab.
más de 12	más de 77%	1.500 hab.

reduciendo paulatinamente, frente a un aumento de los bilingües (español-lengua indígena) y de los monolingües en español. Hasta tal punto es así, que las proporciones más bajas de hablantes de español en los países que nos ocupan son del 87% en Guatemala y del 93% en Panamá, mientras que en los demás la proporción de hispanohablantes respecto del total de la población es superior al 97%. El español es, pues, la lengua nacional, vehicular y de uso generalizado en todas estas repúblicas.

El español de México

El español de México y Centroamérica acusa la influencia indígena en el ámbito léxico, especialmente del náhuatl, desde donde han pasado muchas palabras que no solo son generales en todo el mundo hispánico, sino que desde aquí se han generalizado a otras muchas lenguas (por ejemplo, *chocolate, cacao, aguacate*). Junto a esta característica léxica, el español mexicano y centroamericano ofrece otras que le confieren personalidad como área hispánica bien identificada. En el ámbito de la pronunciación, al lado de otras características generales del español de América (seseo, yeísmo), se encuentra una tendencia a la pronunciación tensa y marcada de las consonantes en posición final de sílaba y, en regiones concretas, pueden hallarse fenómenos particulares, como el debilitamiento y la pérdida de las vocales átonas en el altiplano (*ant's* 'antes', *caf'sito* 'cafecito') o la existencia de un corte hecho con la glotis en Yucatán (*tuʔhija* 'tu hija'). En el nivel gramatical, se encuentran con frecuencia diminutivos afectivos en adverbios o gerundios (*callandito*), el uso del imperativo seguido de pronombre *le* (*ándele, sígale*) o el de la preposición *hasta* con valor de límite inicial (*abren la tienda hasta las ocho* 'abren la tienda a partir de las ocho / no abren la tienda hasta las ocho').

Diversidad etno-lingüística de Centroamérica

La situación lingüística de Centroamérica, además de por la población indígena, se caracteriza también por la presencia de otros grupos étnicos. Uno de los más importantes es el de la población de raza negra. En Costa Rica, por ejemplo, el porcentaje de afro-costarricenses es algo superior al de los indígenas, con la particula-

---

ESPAÑOL DE MÉXICO Y CENTROAMÉRICA

Fonética - fonología
- Debilitamiento y pérdida de vocales átonas: [ánts] 'antes', [kaf'síto] 'cafecito' (altiplano mexicano)
- Seseo
- Yeísmo
- Pronunciación oclusiva de sonoras entre vocales: [dádos] (interior de México)
- Articulación plena y tensa de grupos consonánticos: [eksámen], [kápsula]
- Pronunciación predorsal de *s* (roce del dorso de la lengua en los alveolos)
- Pronunciación en la misma sílaba de *tl*: [á-*tl*as]
- Aspiración de *j-g*: [kája] (Norte y Sur de México, América Central)
- Cortes glóticos [ʔ]: [noʔkó:me] [tuʔíxa] 'tu hija' (Yucatán)

Gramática
- Uso de *ustedes, su, suyo/a(s), se* con valor de segunda persona del plural
- Tuteo (mayor parte de México)
- Diminutivo afectivo en adverbios, gerundios, ...: *ahorita, corriendito*
- Diminutivo con *-it-*: *gatito*.
- Posposición de posesivos: *el hijo mío, la casa de nosotros*
- Uso de pretérito indefinido por pretérito perfecto
- Concordancia de verbo impersonal *haber*: *habían fiestas*
- Uso de *hasta* con valor de inicio: *viene hasta hoy = no viene hasta hoy*
- Imperativo con pronombre *le* enclítico: *ándele, sígale*
- Adverbialización de adjetivos: *canta bonito, habla lindo, pega duro*
- Uso frecuente de *acá* y *allá*; *no más*; *recién* (sin participio); *cómo no*; *ni modo*
- Derivaciones específicas en *-oso, -ista* y *-ada*: *molestoso, dificultoso* 'que pone dificultades', *profesionista* 'profesional', *campista* 'campesino', *indiada*
- Uso de *luego de* 'después de'

Léxico
- Usos léxicos americanos: *pararse* 'ponerse de pie/vertical', *friolento* 'friolero', *balacera* 'tiroteo', *soya* 'soja', *cachetes* 'mejillas', *cuadra* 'manzana', *egresar* 'graduarse', *concreto* 'hormigón', *plomero* 'fontanero', *frijol* 'alubia'
- Marinerismos: *botar* 'tirar', *virar* 'girar', *guindar* 'colgar'
- Indigenismos de uso americano: *ají* 'guindilla', *papaya* 'fruta de países cálidos' (arahuaco-taíno).
- Indigenismos regionales (náhuatl): *cuate* 'mellizo', *elote* 'maíz verde', *pulque* 'vino del agave'

VOCES DEL ESPAÑOL PROCEDENTES DEL NÁHUATL

aguacate, cacao, chile, chocolate, elote, petaca, tamal, jícara, petate, tiza, chicle, cuate 'mellizo', *tomate, cacahuate*

PARA SABER MÁS

Lope Blanch, J.M. (1979): *Investigaciones sobre dialectología mexicana*. México: UNAM.

Moreno de Alba, J.G. (2003): *La lengua española en México*. México: FCE.

Herranz, A. (1996): *Estado, lenguaje y sociedad. La política lingüística en Honduras*. Tegucigalpa: Guaymuras.

Página de El Colegio de México: http://www.colmex.mx/

ridad de que algunos de ellos utilizan un criollo que incorpora elementos de origen africano, como ocurre en el criollo limonense. En Honduras, los grupos étnicos más numerosos son, por este orden, el de los misquitos o zambos, considerados mitad indios y mitad negros, y el de los garífunas o negros caribes, con un número de hablantes, en ambos casos, que ronda los 20.000. Además de la población de raza negra, en Centroamérica existen grupos de chinos, que en Costa Rica alcanzan la cifra de 8.000 personas.

Pero el fenómeno que tal vez tenga una mayor repercusión desde un

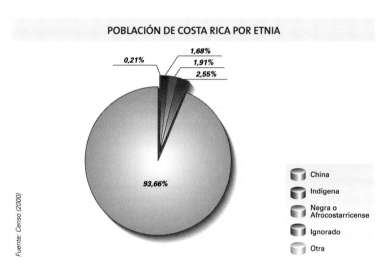

POBLACIÓN DE COSTA RICA POR ETNIA

0,21%
1,68%
1,91%
2,55%
93,66%

Fuente: Censo (2000)

China
Indígena
Negra o Afrocostarricense
Ignorado
Otra

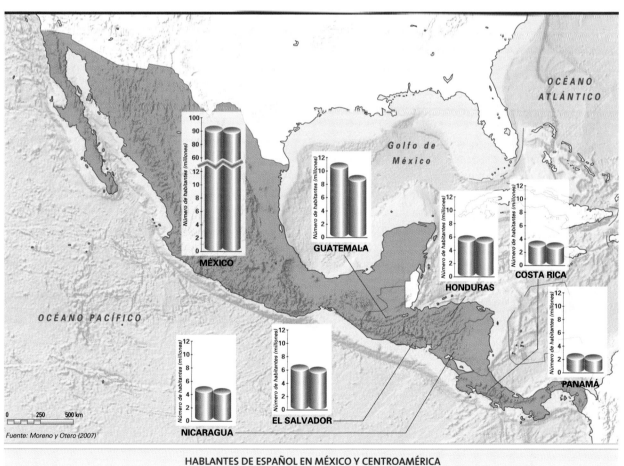

HABLANTES DE ESPAÑOL EN MÉXICO Y CENTROAMÉRICA

habitantes   hablantes

Fuente: Moreno y Otero (2007)

*Se sabe que las lenguas
indígenas prehispánicas
poco o nada influyeron
en el español mexicano
en los niveles de la
fonología y la gramática.
Se reconoce que es
en el vocabulario donde
dejan sentir su presencia.*
José G. Moreno de Alba. La lengua
española en México (2003).

punto de vista lingüístico actualmente sea el de las migraciones, tanto externas (frecuentemente hacia los EE.UU. y Europa) como internas. Nicaragua, por ejemplo, está experimentando una fuerte emigración hacia otros países cercanos como Panamá o Costa Rica, de economías más saneadas. Esas migraciones pueden provocar cambios en los hábitos lingüísticos de los territorios centroamericanos, que probablemente lleven a la generalización de usos compartidos.

Finalmente, un caso muy especial de la situación lingüística de Centro-

américa es el de Belice, en un tiempo conocido como la Honduras británica. Allí la lengua oficial es el inglés. Según el Censo del año 2000, 106.795 personas dicen hablar español muy bien y 21.848 dicen no hablarlo muy bien. Así pues, el idioma mayoritario de Belice, si bien no reconocido como oficial, es el español. La población extranjera nacida en países hispanohablantes es de 28.737. En términos relativos, la proporción de beliceños que declara un nivel de fluidez en español muy bueno es del 52,1% (frente al 43,7% en 1990) y un 10,7% afirma que su nivel es regular.

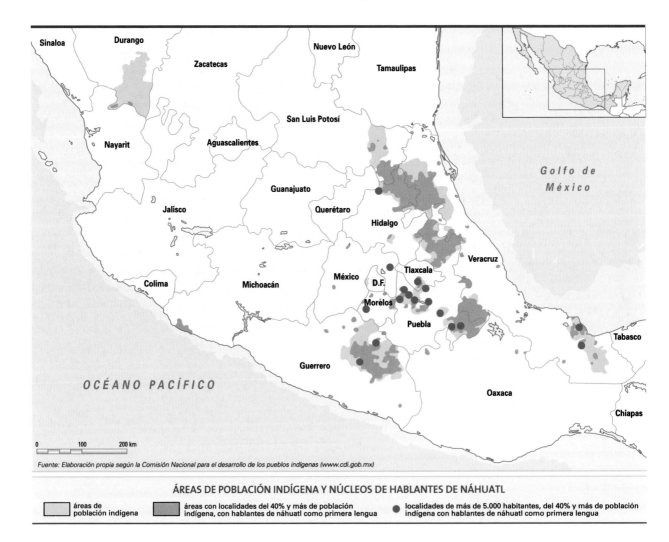

Fuente: Elaboración propia según la Comisión Nacional para el desarrollo de los pueblos indígenas (www.cdi.gob.mx)

ÁREAS DE POBLACIÓN INDÍGENA Y NÚCLEOS DE HABLANTES DE NÁHUATL

áreas de
población indígena

áreas con localidades del 40% y más de población indígena, con hablantes de náhuatl como primera lengua

● localidades de más de 5.000 habitantes, del 40% y más de población indígena con hablantes de náhuatl como primera lengua

INMIGRACIÓN CENTROAMERICANA EN PANAMÁ

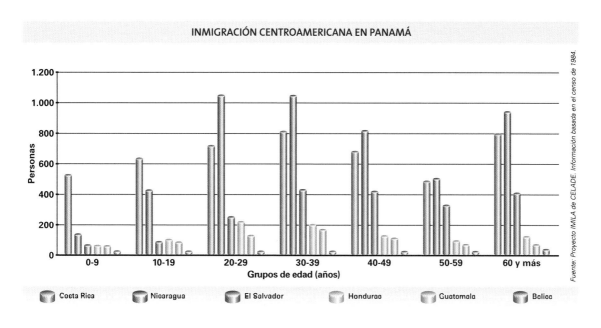

Fuente: Proyecto IMILA de CELADE. Información basada en el censo de 1984.

Grupos de edad (años)

Costa Rica   Nicaragua   El Salvador   Honduras   Guatemala   Belice

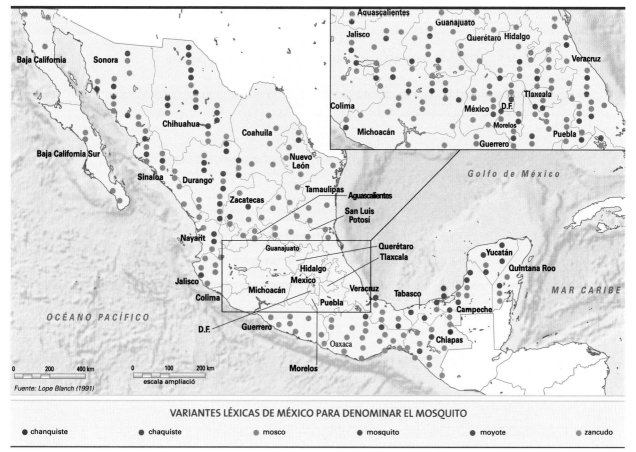

Fuente: Lope Blanch (1991)

escala ampliació

VARIANTES LÉXICAS DE MÉXICO PARA DENOMINAR EL MOSQUITO

chanquiste   chaquiste   mosco   mosquito   moyote   zancudo

AMÉRICA DEL SUR

La situación lingüística de América del Sur ofrece tres polos de atención con una personalidad bien definida: la lengua española, la lengua portuguesa y las lenguas indígenas. En relación con las dos primeras, el hecho más ostensible es la existencia de un dominio compacto de portugués, circundado por un dominio lingüístico hispánico, lo que convierte a Brasil en un territorio cuyos vecinos, en su inmensa mayoría —con la excepción de las Guayanas— hablan español. Brasil, con sus más de 170 millones de habitantes, es el único país que habla portugués en el continente, si bien no puede perderse de vista las enormes dimensiones de su territorio.

Lenguas indígenas de Sudamérica

Las lenguas indígenas de América del Sur conservan actualmente un importante número de hablantes, aunque su proporción sea relativamente baja. El área donde se localiza una mayor concentración indígena es la andina, si bien en Paraguay la presencia social de lo indígena destaca más en cifras relativas. A comienzos del siglo XXI, las lenguas habladas en Bolivia, junto al español, son el quechua (25,6%), el aymara (17,6%) y el guaraní (0,69%); el uso de las lenguas nativas de otras etnias es menor y, en algunos casos, inexistente. En este país las estadísticas revelan un hecho que puede generalizarse a otros territorios: más del 75% de las personas que realizan estudios superiores tienen como primera lengua el español o castellano, que es la denominación preferida en América del Sur.

En Colombia, según el Censo General de 2005, residen 87 pueblos indígenas y se hablan 64 lenguas amerindias, junto a una diversidad de dialectos que se agrupan en 13 familias lingüísticas. La mayoría de la población indígena de Colombia, como frecuentemente ocurre en otros países,

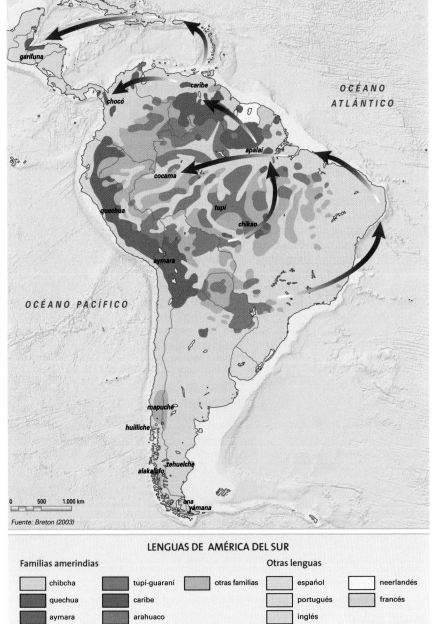

Fuente: Breton (2003)

LENGUAS DE AMÉRICA DEL SUR

Familias amerindias

- chibcha
- quechua
- aymara
- tupí-guaraní
- caribe
- arahuaco
- otras familias

Otras lenguas

- español
- portugués
- inglés
- neerlandés
- francés

PARA SABER MÁS

Fontanella de Weinberg, M. B. (coord.) (2000): *El español de la Argentina y sus variedades regionales.* Buenos Aires: Edicial.

Tovar, A. y Larrucea C., (1984): *Catálogo de las lenguas de América del Sur.* Madrid: Gredos.

Zimmermann, K. (ed.) (1995): *Lenguas en contacto en Hispanoamérica.* Madrid: Iberoamericana.

se localiza en las áreas rurales y en los espacios indígenas reconocidos oficialmente (*resguardos*). El número de indígenas de Colombia, según el censo de 2005, es de 1.378.884, lo que supone un 3,4% de la población. En el caso de Perú, el quechua y el aymara son oficiales en su dominio lingüístico: según el censo de 2005, la proporción de hablantes de quechua es del 16,2% y la del aymara es del 3%. En cuanto a Ecuador, se hablan 12 lenguas indígenas, entre las que destacan también el quechua y el aymara. La población ecuatoriana está compuesta por mestizos (71,4%), blancos (10,5%), amerindios (6,8%), mulatos (2,7%) y negros (2,2%).

En lo que se refiere al resto de América del Sur, merece comentarse la situación de Chile, cuya ley indígena reconoce ocho pueblos (alachutes, atacameños, aymaras, collas, mapuches, quechuas, rapanuís y yamanas), si bien la proporción de población que se identificó con alguno de los ocho pueblos fue del 4,6% (692.192), la mayor parte de ellos mapuches. Pero, sin duda, el caso de Paraguay merece un comentario especial porque este pequeño país muestra una de las proporciones más bajas de hablantes de español del mundo hispánico (alrededor del 70%). La lengua más hablada en Paraguay, junto al español, es el guaraní, lengua perteneciente a la familia tupí-guaraní, que se extiende por todo el Oeste del continente, desde el Norte de Brasil hasta el Norte de Argentina. Es importante precisar, no obstante, que existen modalidades de guaraní con diferente perfil sociolingüís-

tico: desde el guaraní indígena, que utilizarían los monolingües indígenas nativos, hasta el guaraní más españolizado, que recibe el nombre de *yopará*. El uso mayoritario del español está claramente relacionado con las generaciones más jóvenes y con las concentraciones urbanas:

tan solo la etnia maká tiene mayor representación en las ciudades que en el campo.

El español de América del Sur

La convivencia del español con las lenguas indígenas de América a lo largo de los siglos ha permitido el

> *Constituye un hecho lamentable el abandono del estudio en el amplio campo de las lenguas sudamericanas.*
>
> *Antonio Tovar y Consuelo Larrucea*. Catálogo de las lenguas de América del Sur *(1984)*.

Fuente: Comrie (2004)

LENGUAS INDÍGENAS DE AMÉRICA DEL SUR

Familias lingüísticas

	araucano		quechua-aymara		arahuaco		yanomami
	chibcha		tucano		jíbaro		tacana
	macro-ge		caribe		nambicuara		tupí
	páez		huitoto		pano		záparo

mantenimiento de muchas de ellas, especialmente de las que se convirtieron en "lenguas generales" en Suramérica (quechua, guaraní). Aun así la proporción de hablantes de español, que se sitúa entre el 80% y el 90% en Bolivia y Perú, se encuentra por encima del 98% en el resto del territorio, excepto en el caso de Paraguay. Por otra parte, esta convivencia secular ha dado lugar a un juego de transferencias lingüísticas que no solo se aprecia en la influencia del español sobre las lenguas indígenas, sino en los elementos léxicos incorporados desde estas al español.

El español de América del Sur encierra una gran riqueza y variedad, más allá de los indigenismos que incorpora según el área de que se trate. Esa variedad se debe a la extraordinaria dimensión del territorio, a las fases del proceso de colonización en el continente y a las fronteras naturales internas; pensemos que Chile está delimitado por un océano, una

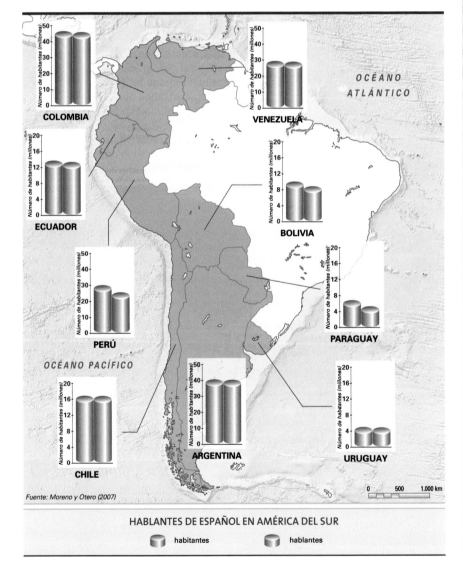

Fuente: Moreno y Otero (2007)

HABLANTES DE ESPAÑOL EN AMÉRICA DEL SUR

habitantes   hablantes

RASGOS CARACTERÍSTICOS DEL ESPAÑOL ANDINO Y RIOPLATENSE

ESPAÑOL DE LOS ANDES
- Debilitamiento y pérdida de vocales átonas: [ánts] 'antes', [kaf'síto] 'cafecito' (regiones andinas)
- Yeísmo, con grupos y zonas de distinción de *ll* y *y* (occidente)
- Aspiración de /s/ cuando precede a consonante: [míhmo] 'mismo'
- Pronunciación predorsal de *s* (roce del dorso de la lengua en los alveolos). En las zonas de montaña la pronunciación puede ser apical (ápice de la lengua en los alveolos)
- Aspiración de *j-g*: [káha] (costa)
- Asibilación de /r/ múltiple y de *tr*: pronunciación aproximada [kárso, trsés] (zona de la sierra)
- Uso de tratamiento de cercanía *vos* y *tú*
- Leísmo y loísmo
- Uso de *muy* + superlativo: *muy riquísimo*

ESPAÑOL DE LA PLATA Y EL CHACO
- Yeísmo (pronunciación rehilada [ʒ]). También con pronunciación sorda: [kabáʃo] 'caballo' (área de Buenos Aires y Montevideo). Zonas de distinción de *ll* y *y* (Paraguay)
- Aspiración de /s/ en posición final de sílaba: [míhmo] 'mismo'
- Asibilación de /r/ múltiple y de *tr* (Chaco)
- Voseo
- Desinencias verbales: *tomo, tomás, tomá, tomamos, toman*
- Uso del prefijo *re-* con valor superlativo: *ellas eran reamigas*

ESPAÑOL DE CHILE
- Yeísmo (pronunciación [j])
- Aspiración de /s/ cuando precede a consonante: [míhmo] 'mismo', [loh tóros] 'los toros'
- Pronunciación predorsal de *s* (roce del dorso de la lengua en los alveolos)
- Pronunciación fricativa de *ch*: [múʃo] 'mucho'
- Pronunciación palatalizada de [k], [x] y [ɣ]: [kjéso] 'queso', [xjenerál] 'general', [muxjér] 'mujer', [iɣjéra] 'higuera'
- Vocalización de *b* y *d*: [auriɣo] 'abrigo', [máire] 'madre'.
- Asibilación de *r* múltiple, de *r* final y de *tr*
- Uso de verbo en segunda persona de plural con pronombre *vos/tú*: *¿dónde andabai?*

**DOMINIO DE LAS HABLAS
FRONTERIZAS DE URUGUAY**

zona de influencia
del portugués de Brasil

cordillera, un desierto y el hielo antártico. Pero, junto a estos factores, deben valorarse adecuadamente los relacionados con la sociología de la lengua. El caso del Río de la Plata es muy significativo por la cantidad de población inmigrante llegada de Europa, principalmente Italia, en las últimas décadas del siglo XIX y primeras del XX. Todos estos factores contribuyen a que sea posible reconocer en América del Sur al menos tres grandes modalidades de la lengua española: la andina, la rioplatense y la chilena. De todas ellas, tal vez sea el área rioplatense la que revele una particularidad más llamativa, por la confluencia de fenómenos muy específicos en varios niveles sociolingüísticos: en el nivel fónico, es relevante el llamado rehilamiento o yeísmo porteño, muy estridente y con distintos grados de sonoridad; en el nivel sociogramatical es muy significativa la extensión social del uso de *vos* como pronombre de cercanía de segunda persona y de todos los fenómenos gramaticales a él asociados (p.e. concordancia verbal: *vos tenés*); en el nivel léxico llaman la atención las unidades de la lengua popular y coloquial procedentes de una antigua lengua del hampa denominada *lunfardo*.

Variedades de mezcla

Además de las grandes lenguas europeas e indígenas, en América del Sur se encuentran manifestaciones lingüísticas muy interesantes, nacidas de unas condiciones geográficas y sociales específicas. En Uruguay, la relación de vecindad que el español mantiene desde hace siglos con el portugués ha tenido como consecuencia la aparición de una variedad de mezcla, denominada *fronterizo* esp. o *fronteiriço* port., que afecta a las áreas de frontera de Uruguay, a la vez que la influencia del español se prolonga por el sur del territorio brasileño. Por otro lado, en Colombia existe una lengua criolla de base española: el *palenquero*. Finalmente, cabe hacer rápida mención del habla llamada *cocoliche*, mezcla de español e italiano que acompañó la progresiva integración de los inmigrantes italianos en el Río de la Plata y que dio lugar a un habla popular que fue llevada al teatro cómico y costumbrista.

**COMPOSICIÓN DE LA POBLACIÓN
INDÍGENA DE BOLIVIA**

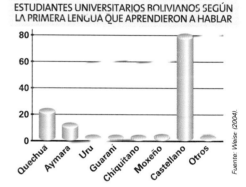

*Fuente:
CEPAL (2004)*

- Quechua
- Aymara
- Guaraní
- Chiquitano
- Moxeño
- Otro nativo

**ESTUDIANTES UNIVERSITARIOS BOLIVIANOS SEGÚN
LA PRIMERA LENGUA QUE APRENDIERON A HABLAR**

Fuente: Weise (2004).

POBLACIÓN INDÍGENA EN PARAGUAY

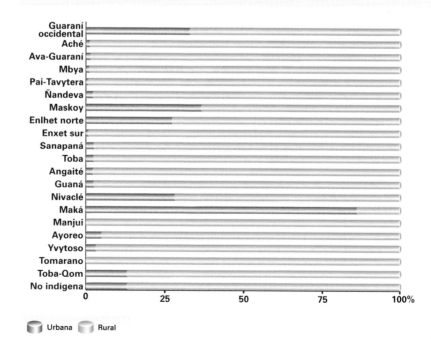

Urbana Rural

Fuente: DGEEC (2003).

LAS LENGUAS DE EUROPA

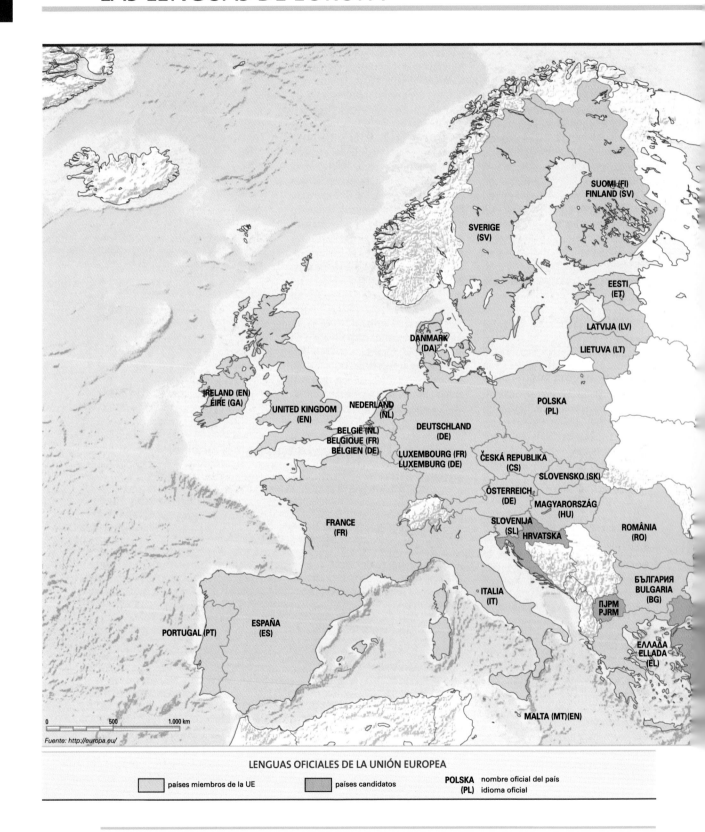

LENGUAS OFICIALES DE LA UNIÓN EUROPEA

países miembros de la UE   países candidatos   **POLSKA** nombre oficial del país
(PL) idioma oficial

Fuente: http://europa.eu/

LENGUAS OFICIALES DE LA UNIÓN EUROPEA
бБлгарски (Bălgarski) – BG – Búlgaro
Čeština – CS – Checo
Dansk – DA – Danés
Deutsch – DE – Alemán
Eesti – ET – Estonio
Ελληνικά (Elinika) – EL – Griego
English – EN – Inglés
Español – ES – Español
Français – FR – Francés
Gaeilge – GA – Irlandés
Italiano – IT – Italiano
Latviesu volada – LV – Letón
Lietuviu kalba – LT – Lituano
Magyar – HU – Húngaro
Malti – MT – Maltés
Nederlands – NL – Neerlandés
Polski – PL – Polaco
Português – PT – Portugués
Română – RO – Rumano
Slovenčina – SK – Eslovaco
Slovenščina – SL – Esloveno
Suomi – FI – Finlandés
Svenska – SV – Sueco

Europa es el continente en el que se habla una menor cantidad de lenguas, especialmente si se compara con Asia o África. Esta realidad puede resultar paradójica al tener en cuenta que las lenguas que cuentan con una mayor extensión mundial (inglés, español, francés) son, precisamente, europeas. En Europa se hablan unas cincuenta lenguas, número total que puede variar dependiendo de si determinadas variedades lingüísticas reciben la consideración de lenguas o de variantes de una misma lengua. La particular historia lingüística y cultural de Europa explica que prácticamente todas esas lenguas cuenten con los instrumentos de planificación fundamentales (ortografía, gramática y diccionario), sean objeto de atención en los sistemas educativos oficiales y suelan recibir por parte de sus hablantes una alta valoración como señas de identidad de sus respectivas comunidades históricas.

Familias lingüísticas de Europa

La mayor parte de las lenguas de Europa pertenecen al filo denominado "indoeuropeo", entroncado con otras lenguas de Asia Occidental y de la India. No están vinculadas a él las lenguas de la familia finougria (finés, húngaro) o la lengua vasca, cuyo origen pudo estar en la región caucásica. Entre las familias lingüísticas indoeuropeas, las más extendidas en la geografía y por el número de sus hablantes son la de las lenguas germánicas (noruego, sueco, danés, alemán,

Europa produce una mayor impresión de variedad lingüística que muchas partes del mundo. En muchas partes de Europa basta un viaje de dos horas en coche para cruzar dos o tres fronteras lingüísticas.
M. Siguan. La Europa de las lenguas *(1996).*

neerlandés, inglés, islandés), la de las lenguas eslavas (polaco, checo, serbocroata, búlgaro, ruso, ucraniano) y la de las lenguas románicas. Estas últimas tienen su origen en la evolución del latín hablado en el antiguo Imperio Romano y se extienden por todo el arco meridional de los países europeos. El panorama de las principales familias lingüísticas indoeuropeas se completa con las lenguas célticas, las bálticas y el griego.

La relación de lenguas románicas o romances está formada por el rumano, el retorromance (ladino o rético), el italiano, el sardo, el francés, el gascón, el francoprovenzal, el provenzal, el catalán, el gallego y el portugués, además del español. Junto a ellas existen otras variedades, también románicas, que no gozan del mismo grado de presencia social, uso o reconocimiento oficial, como es el caso del asturiano (bable) en España o del siciliano, en Italia. El dálmata desapareció a finales del siglo XIX. Las lenguas romances se disponen en un curioso escalonamiento lingüístico que hace posible la intercomprensión parcial entre hablantes de variedades geolingüísticas vecinas: de hecho los romanistas han hablado de que el provenzal es un eslabón entre el francés y el catalán y de que el gascón lo es entre el francés y el español, como el gallego puede serlo entre el español y el portugués. Esa cercanía lingüística es la que permite hablar históricamente de una modalidad gallego-portuguesa y es la que explica que las variedades históricas de Cataluña, Baleares o Valencia reciban la denominación común de catalán.

Las lenguas de la Unión Europea

La creación de la Unión Europea ha tenido una importancia singular para el devenir político y social de las lenguas europeas. La política lingüística de la Unión reconoce como lenguas oficiales y de trabajo todas las lenguas que son oficiales en los respectivos países miembros. La legislación y los documentos de mayor importancia o interés público se publican en todas las lenguas oficiales. Otros documentos, como las comunicaciones a las autoridades nacionales, las decisiones destinadas a personas o entidades concretas y la correspondencia, se traducen únicamente a los idiomas necesarios. La Comisión Europea utiliza sólo tres idiomas —alemán, francés e inglés— para sus asuntos internos y recurre a todas las lenguas oficiales para la información y comunicación públicas. En el Parlamento Europeo, los diputados requieren los documentos de trabajo en sus propios idiomas y la elaboración de

CARTA EUROPEA DE LAS LENGUAS REGIONALES O MINORITARIAS

Artículo 1. Definiciones
A los fines de la presente Carta:
a) por la expresión «lenguas regionales o minoritarias», se entenderán las lenguas:
 i) habladas tradicionalmente en un territorio de un Estado por nacionales de ese Estado que constituyen un grupo numéricamente inferior al resto de la población del Estado, y
 ii) diferentes de la(s) lenguas oficial(es) del Estado;

Adoptada en 1992 por el Consejo de Europa. Entró en vigor el 1 de marzo de 1998 (www.coe.int). Ratificada por España en 2001 (BOE 15-9-2001).

documentos es totalmente plurilingüe desde el principio. El coste anual de los servicios de traducción representa un 1% del presupuesto general anual de la Unión Europea.

Las lenguas más habladas en la Unión Europea como maternas son, por este orden, el alemán (18%), el inglés (13%), el italiano (13%), el francés (12%), el español (9%), el polaco (9%) y el ruso (6%). Sin embargo, en cuanto a las segundas lenguas, el mayor uso corresponde con diferencia al inglés (38%), seguido del alemán (14%), el francés (14%) y el español (6%). Al considerar conjuntamente su conocimiento como primera y segunda lengua, las más extendidas de la Unión Europa son el inglés, el alemán y el francés; español (15%) e italiano (16%) ofrecen unas proporciones de conocimiento muy cercanas.

La Unión Europea dedica importantes esfuerzos a conseguir que sus ciudadanos sean capaces de comunicarse en más de una lengua del continente. En la actualidad, prácticamente la mitad de los ciudadanos europeos pueden participar en una conversación en un idioma distinto de su lengua materna, si bien existe una importante diferencia entre unos países y otros: mientras prácticamente todos los holandeses, da-

neses, suecos y luxemburgueses pueden comunicarse en otro idioma, no suele ser así en el caso de los británicos o los portugueses. La enseñanza de idiomas en la educación primaria europea se ha extendido enormemente, llegando a ser obligatoria en numerosos países como Dinamarca, Grecia, España, Italia, los Países Bajos o el Reino Unido. El inglés es el idioma más enseñado en todos los Estados miembros de la Unión Europea, excepto los anglófonos, donde el interés por el alemán, el francés y el español sobrepasa a otras lenguas.

Lenguas minoritarias en Europa
La sensibilidad hacia los asuntos lingüísticos, así como la importancia que los ciudadanos otorgan a las lenguas europeas como factor de identidad en sus distintos territorios, quedó expresada en 1992 con la aprobación de la *Carta europea de las lenguas regionales y minoritarias*. En este documento se insta a los Estados miembros a promover y proteger su diversidad lingüística, así como a conceder presencia a las lenguas regionales o minoritarias en los ámbitos públicos y muy singularmente en el educativo. La Carta pide un compromiso para asegurar la enseñanza de la historia y la cultura de las que son expresión las lenguas regionales o minoritarias, para garantizar la formación de profesorado de esas lenguas y para dar reconocimiento jurídico a los textos y documentos redactados en esas lenguas.

PARA SABER MÁS
AA.VV. (1993): *Lenguas de España. Lenguas de Europa.* Madrid: Veintiuno.

MERCATOR- EDUCATION: <http://www.mercator-education.org/>

Siguan, M. (1996): *La Europa de las lenguas.* Madrid: Alianza.

Unión Europea: <http://ec.europa.eu/education/policies/lang/languages/index_en.html>

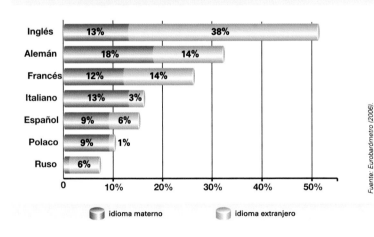

IDIOMAS MÁS UTILIZADOS EN LA UNIÓN EUROPEA

Fuente: Eurobarómetro (2006).

idioma materno   idioma extranjero

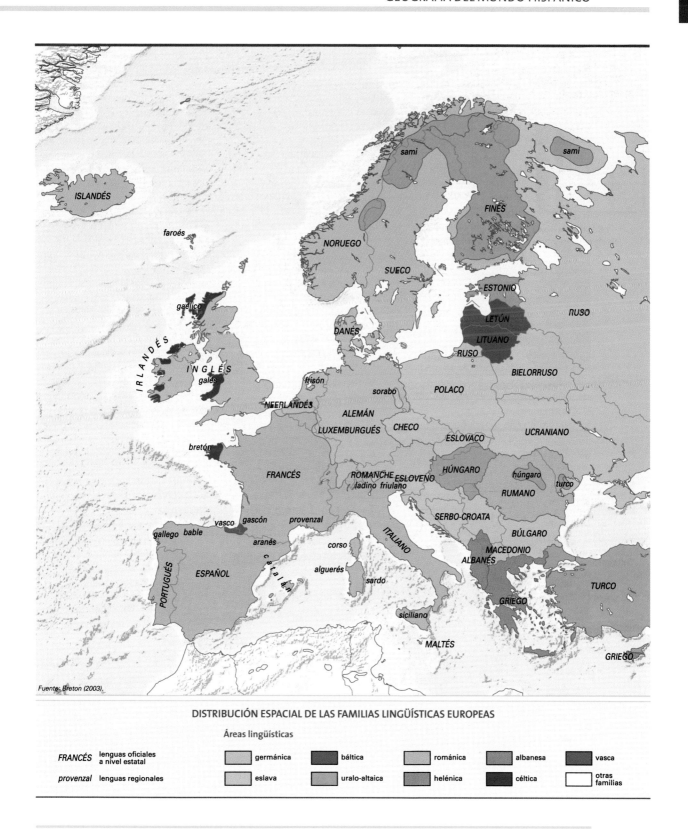

ISLANDÉS

faroés

NORUEGO

SUECO

sami

sami

FINÉS

ESTONIO

RUSO

LETÚN

LITUANO

RUSO

BIELORRUSO

gaélico

DANÉS

IRLANDÉS

INGLÉS

galés

frisón

sorabo

POLACO

NEERLANDÉS

ALEMÁN

LUXEMBURGUÉS

CHECO

ESLOVACO

UCRANIANO

bretón

FRANCÉS

ROMANCHE

ladino friulano

ESLOVENO

HÚNGARO

húngaro

turco

RUMANO

vasco

gascón

provenzal

SERBO-CROATA

BÚLGARO

gallego

bable

aranés

corso

catalán

ITALIANO

MACEDONIO

ALBANÉS

TURCO

PORTUGUÉS

ESPAÑOL

alguerés

sardo

GRIEGO

siciliano

MALTÉS

GRIEGO

Fuente: Breton (2003).

DISTRIBUCIÓN ESPACIAL DE LAS FAMILIAS LINGÜÍSTICAS EUROPEAS

Áreas lingüísticas

FRANCÉS lenguas oficiales a nivel estatal

provenzal lenguas regionales

| germánica | báltica | románica | albanesa | vasca |
| eslava | uralo-altaica | helénica | céltica | otras familias |

La historia lingüística de la península Ibérica ha conocido cuatro grandes periodos. El primero sería el de las lenguas prerromanas; el segundo, el de la difusión del latín; el tercero, el de la penetración del árabe y el último correspondería a la constitución y generalización de las lenguas modernas, en su mayor parte derivadas del mismo latín.

Iberia prerromana

La situación lingüística anterior a la llegada de los romanos a la península Ibérica mostraba un territorio dividido entre varias lenguas, algunas de origen indoeuropeo, que no permitían la mutua inteligibilidad. En el Norte existió un dominio de lengua vasca o proto-vasca que alcanzaba una extensión mayor de la que el vasco muestra en la actualidad. En el Oriente peninsular, la lengua dominante era el ibérico, vehículo de una rica cultura. En el Sur destacaba la lengua y la cultura tartesia o turdetana, con la ciudad de Cádiz como principal núcleo de interés. El centro y el Oeste se lo distribuían la lengua lusitana, hasta las costas atlánticas, y las celtibéricas, en el interior, ambas probablemente de origen indoeuropeo, como el celta, presente en la cornisa septentrional.

El latín peninsular

La entrada del latín en la Península, a partir del 218 a.C., vino a modificar drásticamente la situación lingüística anterior, por cuanto todas las lenguas prerromanas, excepto el vasco, acabarían desapareciendo tan irremisiblemente que hasta hoy desconocemos cómo se hablaba realmente el ibérico o el lusitano. Durante un periodo, el latín convivió con las lenguas precedentes y llegó a incorporar elementos lingüísticos prerromanos. Sin embargo, la difusión del latín fue geográficamente tan extensa y socialmente tan intensa que se convirtió en la lengua tanto de la cultura como de la vida cotidiana para todos los hispanorromanos. La llegada de los pueblos visigodos a raíz de la fragmentación del imperio no llegó a suponer un desplazamiento del latín hispano, sino un refuerzo de su uso como lengua de prestigio, de la administración y la cultura.

La penetración del árabe

La hegemonía del latín peninsular fue absoluta hasta la entrada de los musulmanes en la Península, hablantes de árabe y de variedades bereberes. La población musulmana llegó a ocupar la mayor parte de la Península; en el momento de la constitución de las lenguas romances, prácticamente la mitad del territorio peninsular estaba dominado por los musulmanes. Es importante valorar, no obstante, que la generalización del árabe no impidió la supervivencia de la lengua hablada por los hispanorromanos, que durante un tiempo también pudieron mantener sus costumbres y su religión.

Formación de las lenguas romances

La progresiva expansión militar y demográfica de los pueblos cristianos, herederos de los hispanorromanos, desde el Norte peninsular hacia el Sur, supuso la extensión del dominio geográfico de unas modalidades lingüísticas que empezaron a adquirir formas propias —suficientemente diferenciadas del latín— a partir del siglo X. Los primeros testimonios de las lenguas que en aquel momento comenzaron a denominarse romances o lenguas vulgares aparecieron entre los años 1000 y 1250 aproxima-

LENGUAS OFICIALES DE ESPAÑA

GALEGO nombre de la lengua   **GALLEGO** nombre de la lengua en castellano   **Aranés** nombre de otras variedades   ARAGÓN comunidad autónoma

Para saber más
Echenique, M. y Sánchez J. (2005):
*Las lenguas de un Reino.
Historia lingüística hispánica.*
Madrid: Gredos.

Etxebarria, M. (2002):
La diversidad de lenguas en España.
Madrid: Espasa.

Moreno Fernández, F. (2005):
*Historia social de las lenguas de
España.* Madrid: Ariel.

damente. En la época de orígenes se
distinguían las variedades catalana,
navarro-aragonesa, castellana, astur-
leonesa y gallego-portuguesa, todas
ellas utilizadas, no solo por los que
moraban en sus respectivos territorios, sino por las cancillerías de los
distintos reinos cristianos.

La temprana unión de los reinos
de Castilla y de León (siglo XII) inició
el progresivo desplazamiento de las
modalidades asturleonesas, que a finales de la Edad Media se encontraban ya muy debilitadas. A partir de
1500 ese desplazamiento se produjo
también en las hablas aragonesas, de
manera que puede afirmarse que, a
partir del siglo XVI, las lenguas peninsulares con mayor fuerza, proyección
y prestigio social fueron el gallego y
el portugués, al Oeste, el castellano
en el Centro y el catalán en la banda
oriental, además del vasco, que había
venido conociendo el estrechamien-
to de su dominio geográfico, como lo
ha experimentado de forma prácticamente ininterrumpida hasta los ini-
cios del siglo XXI. Todas las variedades

**La configuración lingüística
de la península Ibérica ha ido
transformándose a lo largo de la
historia. El primer mapa que puede
reconstruirse es de la situación
prerromana, aunque en la actualidad
es prácticamente irreconocible. Los
reinos peninsulares medievales
fueron el germen de la situación
lingüística actual.**

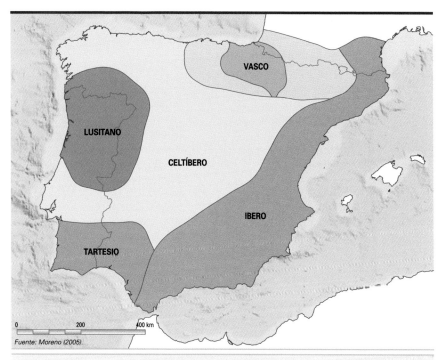

Fuente: Moreno (2005).

ÁREAS LINGÜÍSTICAS PRERROMANAS

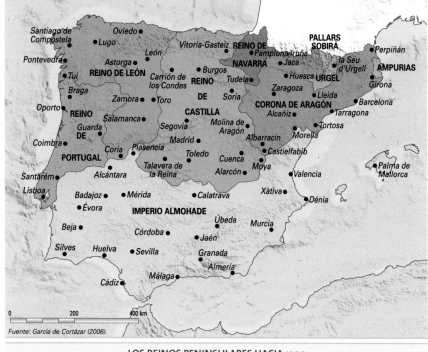

Fuente: García de Cortázar (2006).

LOS REINOS PENINSULARES HACIA 1200

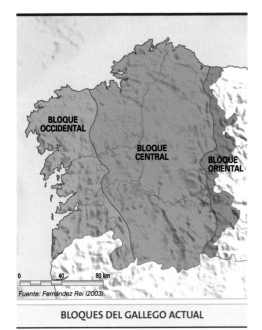

BLOQUES DEL GALLEGO ACTUAL

Fuente: Fernández Rei (2003).

lingüísticas de la Península han contado históricamente con modalidades internas; entre ellas también han existido hablas de frontera, como las que todavía perviven entre España y Portugal o en el límite entre Aragón y Cataluña.

Gallego

Históricamente, la lengua gallega ha mantenido una significativa demografía, de modo que puede afirmarse que los habitantes de Galicia, en su inmensa mayoría, siempre han hablado gallego. Naturalmente, el gallego, como cualquier lengua natural, se manifiesta en distintas modalidades, condicionadas por sus contactos con las hablas leonesas y castellanas, pero no ha perdido por ello una unidad esencial, más o menos cercana a la lengua portuguesa. El peso histórico

VARIEDADES DE FRONTERA ENTRE ESPAÑA Y PORTUGAL

- □ portugués
- ▨ portugués en España y español en Portugal
- ▨ astur-leonés
- ● mirandés

y demográfico del gallego, sin embargo, dejó de corresponderse con su peso social desde el siglo XVII, pues el castellano se convirtió en la lengua de las ciudades y de los grupos más acomodados.

Vasco

La lengua vasca, en gran medida por su arrinconamiento geográfico, pudo sobrevivir al peso de la cultura latina y mantenerse en uso durante la difusión de las lenguas romances. Como tributo a esa pervivencia tuvo que pagar una importante falta de homogeneidad lingüística, que

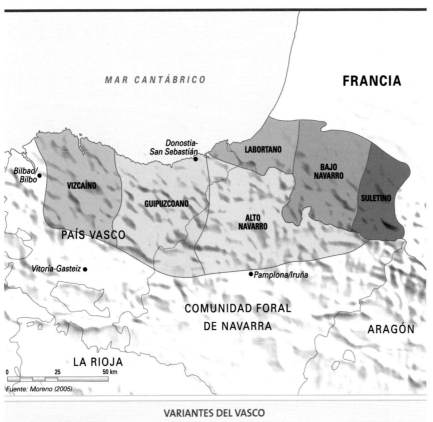

VARIANTES DEL VASCO

Fuente: Moreno (2005).

El bilingüismo no es un fenómeno exclusivo de varias regiones españolas ni el castellano lo afronta en experiencia nueva. Sabemos, por el contrario, que el amanuense del primer testimonio escrito de la lengua castellana, las Glosas Emilianenses, *era un bilingüe de La Rioja, zona de cruce de pueblos y lenguas desde los tiempos prerromanos.*

V. García de la Concha (1986)

solo ha comenzado a superarse con la implantación de un vasco unificado a finales del siglo XX. La distancia lingüística entre el vasco y el castellano fue uno de los factores que más influencia tuvieron en su paulatino desplazamiento geográfico y social. Ese desplazamiento se hizo más intenso con la llegada de población castellanohablante monolingüe que se asentó en el territorio vasco desde el siglo XIX en busca de trabajo en las industrias de la zona.

Catalán

En el área catalanohablante, sobre todo en Cataluña, también fue determinante la llegada de población inmigrante procedente de las áreas castellanohablantes a partir de la segunda mitad del siglo XIX, pero, a diferencia de lo ocurrido en Galicia y en el territorio vasco, el catalán siempre gozó de un prestigio social fundamentado en el sustento político de la Corona de Aragón y después en la fuerza de la cultura en lengua catalana, que supo destacar en el panorama románico desde los tiempos de Ramón Llull. La realidad lingüística del catalán presenta un mosaico de variedades que se distribuyen entre el catalán oriental y el occidental.

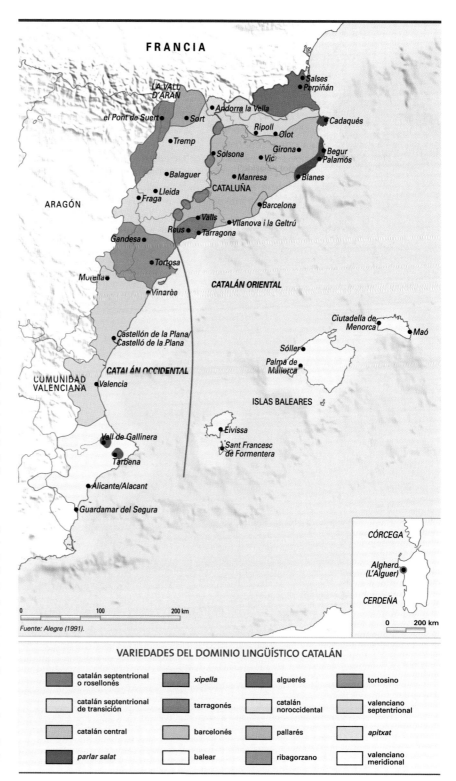

Fuente: Alegre (1991).

VARIEDADES DEL DOMINIO LINGÜÍSTICO CATALÁN

catalán septentrional o rosellonés	*xipella*	alguerés	tortosino
catalán septentrional de transición	tarragonés	catalán noroccidental	valenciano septentrional
catalán central	barcelonés	pallarés	*apitxat*
parlar salat	balear	ribagorzano	valenciano meridional

EL ESPAÑOL EN ESPAÑA

La historia de la lengua española en España ha estado marcada desde su inicio por la convivencia con las demás lenguas peninsulares. Hasta tal punto ha sido decisivo este hecho histórico, que solo bien entrado el siglo XX se ha producido la realidad de que prácticamente todos los españoles tengan conocimientos de lengua española. Hasta entonces la difusión del español, siendo muy extensa, no había conseguido alcanzar por completo los dominios geográficos de las otras lenguas de España

ni se había generalizado en todos los estratos sociales de las comunidades bilingües. Hoy puede afirmarse que la lengua española es la lengua general de las personas de nacionalidad española, sin que ello impida el conocimiento y el uso de las demás lenguas.

Uso del español y de las lenguas de España

Desde una perspectiva histórica, el uso de la lengua española y de las demás lenguas de España desde 1500

hasta nuestros días presenta un perfil diferente en cada comunidad: en Galicia se ha mantenido a lo largo de toda la historia una proporción muy alta de hablantes de gallego, siempre por encima del 80%; en Cataluña se dio un aumento progresivo del uso del español o castellano desde el siglo XVII, pero su difusión fue más llamativa con la llegada de monolingües castellanohablantes a finales del siglo XIX; en Valencia, la sustitución del valenciano por el castellano ha sido progresiva, si bien el

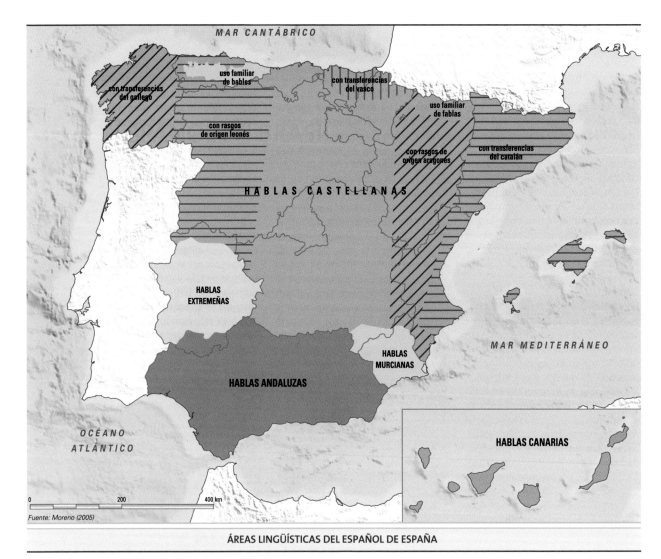

ÁREAS LINGÜÍSTICAS DEL ESPAÑOL DE ESPAÑA

el valenciano ha recuperado terreno en la segunda mitad del siglo XX; en Baleares, sin embargo, el catalán sufrió un retroceso en el siglo XIX, pero no llegó a un abandono sostenido; el retroceso del vasco en su dominio geográfico, cada vez más reducido, y en su presencia social ha llevado a un uso prácticamente generalizado del español en los territorios del País Vasco y de Navarra, con una proporción de bilingües modesta, comparada con la de otras comunidades bilingües, aunque con un crecimiento de su presencia política en las últimas decadas.

HITOS EN LA HISTORIA DE LA LENGUA ESPAÑOLA EN ESPAÑA			
h.980	*Nodicia de kesos*	1741	*Orthographia Española*
h. 1050	*Glosas Emilianenses*	1771	*Gramática de la Lengua Castellana*
1140-1207	*Cantar de Mio Cid*	1821	Decreto de Enseñanza estatal, pública, uniforme y gratuita
1195-1246	Gonzalo de Berceo	1881	Fundación de *La Vanguardia*
1492	*Gramática de la Lengua Castellana*, de Antonio de Nebrija	1931	Constitución de la República Española
1605	*El ingenioso hidalgo don Quijote de La Mancha*, de Miguel de Cervantes	1939	Creación de "Radio Nacional de España"
1611	*Tesoro de la lengua castellana o española*, de Sebastián de Covarrubias	1951	Creación de la Asociación de Academias de la Lengua Española
1713	Fundación de la Real Academia Española	1956	Primera emisión de Televisión Española
1726	*Diccionario de Autoridades*	1978	Constitución Española
1737-1750	Publicación de primeros periódicos diarios		

DESARROLLO HISTÓRICO DEL USO DE LAS LENGUAS DE ESPAÑA EN LAS RESPECTIVAS ÁREAS LINGÜÍSTICAS (EXCLUIDO EL ESPAÑOL)

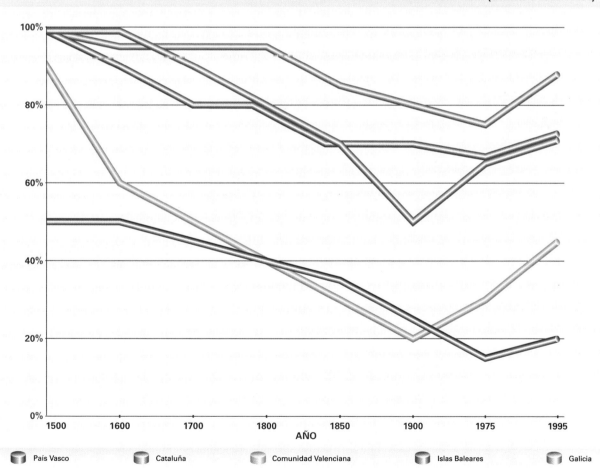

País Vasco   Cataluña   Comunidad Valenciana   Islas Baleares   Galicia

Fuente: Moreno (2005).

Las estadísticas sobre el conocimiento del español en las áreas bilingües son complementarias de las correspondientes a las otras lenguas españolas peninsulares. Los datos comparados disponibles muestran que las comunidades de Navarra y del País Vasco son las que muestran una mayor proporción de monolingües en español, mientras que el conocimiento de la lengua de la comunidad en sus cuatro destrezas sobresale en Galicia y Cataluña, con una proporción superior al 30% de la población. Al sumar los hablantes de una misma lengua en sus diversos territorios o comunidades, se observa que la proporción de hablantes (que entienden y hablan) con conocimiento de gallego es del 88%, la de los hablantes de vasco es del 20% y la de los hablantes

de catalán-valenciano del 65%. Estas serían, pues, las cifras aproximadas de bilingües de estas lenguas con español.

Variedades dialectales del español de España

La historia de la lengua española ha creado una configuración dialectal que no se ha visto esencialmente modificada durante 200 años, hasta el final del siglo XX y el comienzo del XXI. En lo que se refiere a las variedades del español utilizadas en la Península, prácticamente los dos tercios norteños de la Península corresponden a las hablas castellanas y el tercio meridional, a las hablas andaluzas. Entre unas y otras existe una zona de transición, hacia el Sur de la Mancha, especialmente por tierras

de Ciudad Real. En las áreas oriental y occidental se encontrarían las hablas de tránsito murciana (en Murcia y parte de Albacete) y extremeña (Cáceres, Badajoz y el Oeste de Toledo): la primera, con elementos históricos de origen aragonés y catalán; la segunda, con rasgos de origen leonés. Las ciudades de Ceuta y Melilla tienen una configuración sociolingüística especial porque, si bien participan de los rasgos lingüísticos más característicos de las hablas andaluzas, con ellos conviven formas de hablar más castellanas, debido a la llegada de funcionarios y militares procedentes de varias regiones de España. Al mismo tiempo, la convivencia con las modalidades locales del árabe o el bereber le confieren al habla de estas ciudades un interesante aire de frontera lingüística.

En las áreas bilingües se da un uso del español en su variedad castellana, pero con elementos de influencia gallega, vasca o catalana. En los territorios correspondientes al antiguo Reino de León, se habla un castellano con rasgos conservados del antiguo romance leonés, mientras en Asturias se mantiene el uso familiar de algunos bables en las zonas rurales. En los territorios correspondientes a Aragón y a su área de influencia hacia el Sur, se habla un castellano con rasgos conservados del antiguo romance aragonés, mientras en algunos valles del Pirineo se mantiene el uso familiar de algunas fablas tradicionales (e. g. el ansotano en Ansó, el cheso en Echo, el chistabino en Gistaín, el benasqués en Benasque, ya en la transición hacia el catalán occidental).

Esta configuración dialectal se ha visto afectada por algunos factores clave, como son el intenso proceso de urbanización, la erradicación del analfabetismo y la facilidad de las comunicaciones. Una de las consecuencias más evidentes de la urbanización es la pérdida paulatina de elementos característicos de las ha-

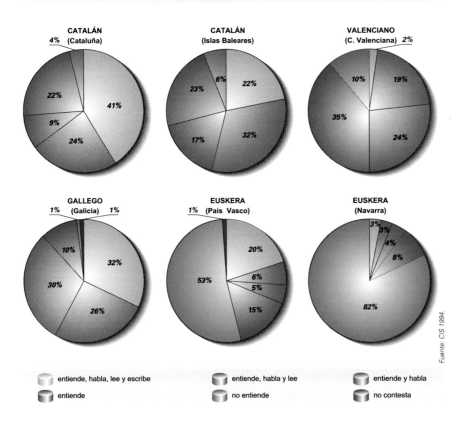

NIVEL DE CONOCIMIENTO DE LA LENGUA DE LA COMUNIDAD

Fuente: CIS 1994.

PARA SABER MÁS

Alvar, M. (1996): *Manual de Dialectología Hispánica*. Barcelona: Ariel.

Cano, R. (coord.) (2004): *Historia de la lengua española*. Barcelona: Ariel.

CIS (1999): *Conocimiento y uso de las lenguas de España*. Madrid.

Real Academia Española: <www.rae.es>

Nuestra España, tenida un tiempo por grosera y bárbara en el lenguaje, viene hoy a exceder a toda la más florida cultura de los griegos y latinos.

Fray Jerónimo de San José. *Genio de la historia (1651)*

blas más locales ante la falta de una población que las sustente. Respecto a la erradicación del analfabetismo, supone un mayor contacto con la lengua escrita y, por lo tanto, con los modelos de lengua de mayor prestigio social. En cuanto a las comunicaciones, favorecen las soluciones lingüísticas comunes en detrimento de las particulares. Cabe pensar, por ello, en una tendencia del español peninsular hacia la homogeneización, que progresivamente va nivelando los rasgos de las regiones más alejadas, por el debilitamiento de los caracteres propios más localistas. De hecho se va haciendo cada vez más patente el peso del habla castellana urbana —sobre todo de Madrid— difundida a través de los medios de comunicación social. Al mismo tiempo, sin embargo, se produce una tendencia a conservar y resaltar los rasgos propios, en una propensión al localismo o al regionalismo que sirve de contrapunto a lo anterior. En el equilibrio de estas dos tendencias (global / local; convergencia / divergencia) se mueve la variación lingüística de la lengua española.

EL CASTELLANO, LENGUA GENERAL DE ESPAÑA

Durante los siglos XVI y XVII, la Península Ibérica conoció unos hechos geopolíticos que condujeron a la extensión geográfica y la ampliación de los dominios políticos de la lengua española. El español se convirtió en la lengua del territorio nazarí, se instaló en enclaves del Norte de África, puso las bases de su asentamiento en las islas Canarias y se trasladó al continente americano; al mismo tiempo, la adhesión de Navarra a Castilla fue definitiva para la intensificación de su uso en el Reino norteño.

Las razones que convirtieron al castellano en lengua general de España tuvieron que ver con hechos demográficos y sociopolíticos de extraordinaria importancia. La demografía era rotunda: simplemente más de las tres cuartas partes de la Península no portuguesa estaba formada por castellanos. La economía también era decisiva porque el Reino más rico de la Península, el de mayor capacidad productiva, mayor recaudación de impuestos y mayores ingresos, en metálico y en especie, era Castilla. Pero también hubo otros factores que obraron en favor del castellano, como su función sociolingüística, su prestigio, su literatura, los modos de su adquisición o su estandarización. Estos factores son fundamentales, si bien no los únicos, para que una variedad lingüística pueda recibir la consideración de lengua general. Indudablemente, la diversidad y amplitud de los dominios de uso del español fueron un factor de prestigio en sí mismos, pero, dado que el prestigio es algo que se posee y, sobre todo, algo que se concede, resultó fundamental el reconocimiento recibido, en términos generales, de los propios castellanos, de los demás pueblos que componían la España unificada y de Portugal. Así pues, función, prestigio, literatura, enseñanza y estandarización hicieron que el castellano se situara durante el Siglo de Oro en un nivel muy ventajoso en cuanto a su consideración sociolingüística y en cuanto a las actitudes favorables suscitadas. Es difícil encontrar otra época en la que una lengua peninsular haya recibido una valoración tan positiva de modo prácticamente unánime, porque no resulta fácil para ninguna lengua convertirse en el instrumento de comunicación más importante de un imperio ni contar con escritores de la talla de Miguel de Cervantes o Góngora en un lapso de tiempo tan relativamente breve.

LOCALIZACIÓN DE CEUTA Y MELILLA

MIGRACIONES Y LENGUAS EXTRANJERAS EN ESPAÑA E HISPANOAMÉRICA

Si se respondiera con propiedad a la pregunta de qué lenguas se hablan en un determinado territorio, habría que relacionar todos aquellos idiomas hablados por las personas que en él habitan. Las lenguas tienen una dimensión social que las hacen más o menos útiles para su uso público, sin embargo los usos privados se deciden de forma particular por cada hablante o grupo de hablantes que han de interactuar. Así, en España, además de las lenguas tradicionales del conjunto del territorio y de cada una de sus áreas, de hecho se hablan otras muchas lenguas, utilizadas por personas de origen geográfico y lingüístico muy diferente. Generalmente, esos hablantes proceden de otros países o territorios y son conocedores de sus lenguas nativas, que en el país de acogida son consideradas lenguas extranjeras.

La población extranjera en España

La población extranjera afincada en España ha experimentado un crecimiento importante. En algunas zonas, como las islas Canarias, las Baleares o Andalucía, la presencia de ciudadanos extranjeros —alemanes o daneses, por ejemplo— puede considerarse ya habitual y ha ido acompañada del uso de sus respectivas lenguas en muy diversos tipos de establecimientos y acontecimientos públicos. Sin embargo, el origen de los inmigrantes llegados a España desde el año 2000 es diferente: el mayor crecimiento se ha dado con población llegada de Hispanoamérica (principalmente Ecuador), África (principalmente Marruecos) y el Este de Europa (principalmente Rumania). El número de residentes marroquíes en 2006 en España era superior al medio millón, lo que supone la misma cantidad de hablantes de árabe marroquí y, muy probablemente, de francés. A ese número de hablantes de lenguas extranjeras podría sumarse el de hablantes de inglés (más de 200.000 procedentes del Reino Unido), de alemán (más de 130.000 alemanes) o de italianos (más de 95.000 italianos).

El interés por las lenguas extranjeras

La presencia de extranjeros, la participación en organizaciones intergubernamentales y la dinámica de las comunicaciones sociales han sido algunos de los factores que han contribuido a que el interés por el aprendizaje de lenguas extranjeras haya crecido en España. La cifra de españoles conocedores de la lengua inglesa ronda el 30%, cantidad que responde a un crecimiento paulatino, pero que está lejos del 63% de Finlandia o del 89% de Suecia. Las cifras de alumnos que cursan idiomas extran-

PROPORCIÓN DE ENCUESTADOS CAPACES DE MANTENER UNA CONVERSACIÓN EN UNA LENGUA EXTRANJERA				
	Mínimo 1 Lengua	Mínimo 2 Lenguas	Mínimo 3 Lenguas	Ninguna
UE	**56%**	**28%**	**11%**	**44%**
Luxemburgo (LU)	99%	92%	69%	1%
Eslovaquia (SK)	97%	48%	22%	3%
Letonia (LV)	95%	51%	14%	5%
Lituania (LT)	92%	51%	16%	8%
Malta (MT)	92%	68%	23%	8%
Países Bajos (NL)	91%	75%	34%	9%
Eslovenia (SI)	91%	71%	40%	9%
Suecia (SE)	90%	48%	17%	10%
Estonia (EE)	89%	58%	24%	11%
Dinamarca (DK)	88%	66%	30%	12%
Chipre (CY)	78%	22%	6%	22%
Bélgica (BE)	74%	67%	53%	26%
Finlandia (FI)	69%	47%	23%	31%
Alemania (DE)	67%	27%	8%	33%
Austria (AT)	62%	32%	21%	38%
República Checa (CZ)	61%	29%	10%	39%
Grecia (EL)	57%	19%	4%	43%
Polonia (PL)	57%	32%	4%	43%
Francia (FR)	51%	21%	4%	49%
España (ES)	44%	17%	6%	56%
Hungría (HU)	42%	27%	20%	58%
Portugal (PT)	42%	23%	6%	58%
Italia (IT)	41%	16%	7%	59%
Reino Unido (UK)	38%	18%	6%	62%
Irlanda (IE)	34%	13%	2%	66%
Croacia (HR)	71%	36%	11%	29%
Bulgaria (BG)	59%	31%	8%	41%
Rumania (RO)	47%	27%	6%	53%
Turquía (TR)	33%	5%	1%	67%

Fuente: Eurobarómetro (2006).

jeros en España también han ido creciendo, dado que la actitud de los españoles, en general, es favorable a la enseñanza de, al menos, una lengua extranjera en la educación pública. A pesar de esta actitud positiva, los datos recogidos por la Unión Europea muestran que la capacidad para hablar lenguas extranjeras en España está aún por debajo de la media comunitaria.

Lengua e inmigración en España
La llegada de nuevos hispanohablantes a España supone también una situación novedosa para los territorios españoles en los que, además del español, se hace uso de una lengua co-oficial, como es el caso de Cataluña, Comunidad Valenciana, Baleares, Navarra, el País Vasco y Galicia. Y se da la circunstancia de que los territorios bilingües reciben las

proporciones más altas de inmigrantes hispanoamericanos. La realidad de la inmigración está contribuyendo, desde este punto de vista, al refuerzo de la presencia de la lengua española en las áreas bilingües, lo que no debería suponer un cambio cualitativo sustancial para el uso del español por cuanto suele ser mayoritario en todos los ámbitos públicos. La dificultad se plantea cuando este

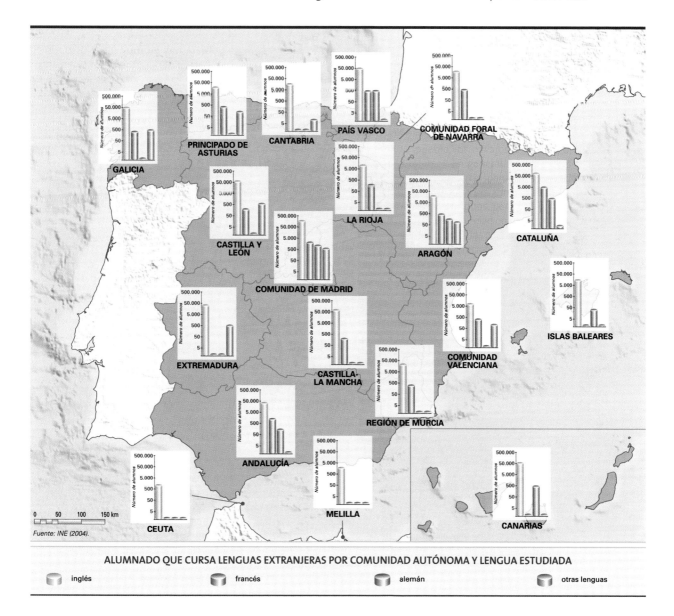

Fuente: INE (2004).

ALUMNADO QUE CURSA LENGUAS EXTRANJERAS POR COMUNIDAD AUTÓNOMA Y LENGUA ESTUDIADA

🛢 inglés   🛢 francés   🛢 alemán   🛢 otras lenguas

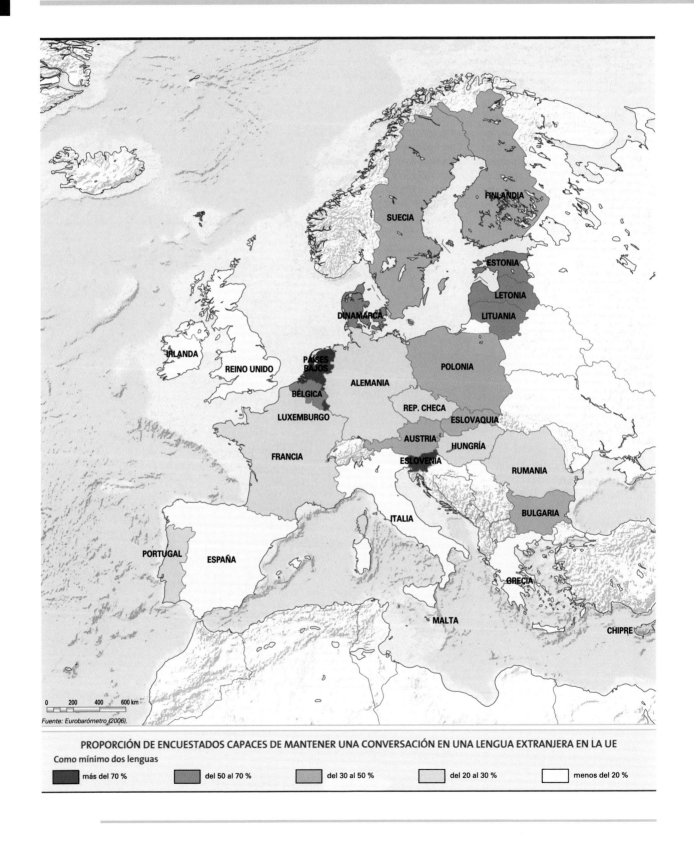

Fuente: Eurobarómetro (2006).

0 200 400 600 km

PROPORCIÓN DE ENCUESTADOS CAPACES DE MANTENER UNA CONVERSACIÓN EN UNA LENGUA EXTRANJERA EN LA UE

Como mínimo dos lenguas

| más del 70 % | del 50 al 70 % | del 30 al 50 % | del 20 al 30 % | menos del 20 % |

nuevo elemento sociolingüístico se considera desfavorable a las políticas lingüísticas que buscan la promoción de las lenguas co-oficiales. La política educativa de las áreas bilingües ha de tener en cuenta tanto si los inmigrantes tienen como lengua materna una lengua extranjera como si son hispanohablantes.

La inmigración hispanoamericana procede sobre todo de Ecuador y de Colombia. Estos inmigrantes hispanohablantes encuentran en la comunidad del idioma un factor susceptible de facilitar la integración laboral en la comunidad de acogida, dado que las diferencias geolingüísticas o dialectales no suponen un obstáculo para la comunicación en los entornos profesionales en los que se integran los hispanoamericanos. Cuestión diferente es la integración social y cultural, donde las diferencias entre el español de España y el de Ecuador pueden reflejar culturas comunicativas distintas (léxico afectivo, formas de tratamiento, cortesía).

Migraciones hispanoamericanas

Los movimientos migratorios han tenido una importancia decisiva en la configuración lingüística de Hispanoamérica. En la actualidad, los países hispanohablantes americanos también cuentan entre su población con hablantes de lenguas extranjeras, cuyo peso demográfico es mayor o menor dependiendo de sus circunstancias históricas y de su

PARA SABER MÁS
Instituto Nacional de Estadística: <www.ine.es>

Santillo, M. (2004): *Balance de las migraciones actuales en América Latina*. Buenos Aires: Centro de Estudios Migratorios Latinoamericanos.

Vicente Torrado, T. (2006): *La inmigración latinoamericana en España*. México: Secretaría de Naciones Unidas.

DISTRIBUCIÓN DE LA POBLACIÓN EXTRANJERA EN ESPAÑA SEGÚN NACIONALIDAD

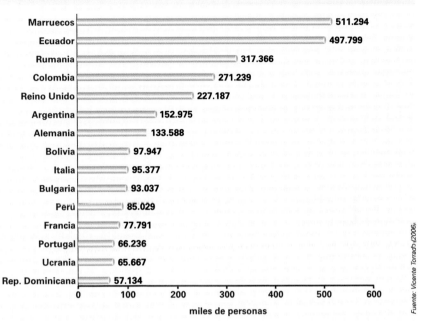

País	miles de personas
Marruecos	511.294
Ecuador	497.799
Rumania	317.366
Colombia	271.239
Reino Unido	227.187
Argentina	152.975
Alemania	133.588
Bolivia	97.947
Italia	95.377
Bulgaria	93.037
Perú	85.029
Francia	77.791
Portugal	66.236
Ucrania	65.667
Rep. Dominicana	57.134

Fuente: Vicente Torrado (2006).

Fuente: Vicente Torrado (2006), a partir de datos de los padrones municipales (INE).

POBLACIÓN DE ORIGEN IBEROAMERICANO EN ESPAÑA (2005)

- más de 15.000
- de 10.000 a 15.000
- de 7.000 a 10.000
- de 5.000 a 7.000
- de 1.000 a 5.000

emplazamiento geográfico. Es interesante señalar, por ejemplo, la importancia de los conocedores y usuarios de portugués en tierras de Paraguay. Históricamente Hispanoamérica ha estado marcada por la importancia

DESTINOS NACIONALES PREFERIDOS POR LOS EMIGRANTES LATINOAMERICANOS (c. 2000)

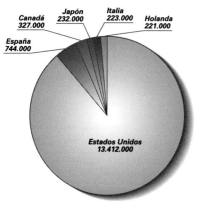

Fuente: Otero (2007).

de los grandes movimientos migratorios. Entre 1880-1890 se produjo la mayor proporción de desplazamientos intercontinentales de población de ese siglo: Estados Unidos recibió 17.000.000 de inmigrantes, en su mayor parte europeos. Argentina y Brasil recibieron unos 3 millones de inmigrantes cada uno, en su mayoría italianos y españoles. En menos de 100 años, Europa registró la emigración de 40.000.000 de individuos que tenían como destino los Estados Unidos, Argentina, Brasil, México o Uruguay.

En la actualidad, más importantes que los movimientos de recepción de inmigrantes en Hispanoamérica son los movimientos de salida hacia otros países, en su mayor parte a los EE.UU. y Europa. Es reseñable la cuantía de la inmigración hispanoamericana a España, segundo destino preferido tras los Estados Unidos en la última década. En cuanto a los países de origen, los que en el año 2000 aportaron más

emigrantes fueron México, con más de 4 millones —que en su gran mayoría se encaminaron a los Estados Unidos—, Cuba con más de 750.000, Colombia con unos 900.000, de los cuales más de la mitad marcharon a Venezuela. Esta realidad despierta el interés en los países hispanohablantes por conocer las lenguas de los países de destino y se traduce en una mayor apertura hacia el aprendizaje de lenguas extranjeras. Junto a estas migraciones, han ido cobrando importancia las que se producen entre países de Hispanoamérica, tal vez de menor volumen, pero también de gran dinamismo.

El desprecio por la lengua de los demás suele ir unido al aprecio exagerado de la lengua propia.

J. C. Moreno Cabrera. La dignidad e igualdad de las lenguas (2000).

EL VALOR DE LA LENGUA EN LA INMIGRACIÓN

Sociólogos y economistas han abordado las relaciones entre lengua y migraciones en su dimensión económica. Rodolfo Gutiérrez (2007) identifica dos escenarios generales en los que interactúan lengua y migraciones: el modo en que la comunidad lingüística puede afectar a la dirección y los efectos de los flujos migratorios; y la relación entre las características lingüísticas de los inmigrantes y su capacidad de integración en los países de acogida.

En cuanto al primer escenario, recientes teorías migratorias incorporan los vínculos culturales y las redes sociales como factores explicativos de la intensidad y la dirección de las migraciones. Por un lado, la comunidad lingüística sería un factor que favorecería de manera general los flujos migratorios entre dos territorios, siempre actuando junto a los determinantes económicos principales, que son los diferenciales de renta y las probabilidades de empleo. Por otro lado, entre territorios que no comparten una lengua, la existencia de una comunidad previa de emigrantes del mismo origen cultural y lingüístico proporcionaría los efectos de red y de capital social necesarios para mantener e incrementar un flujo migratorio. Las migraciones hispanoamericanas de las últimas décadas se ajustan a estas pautas, como se advierte en su elevada concentración en América del Norte, donde existen importantes comunidades previas del mismo origen cultural, y en España,

con la que Hispanoamérica comparte lengua y herencia cultural.

En cuanto a las relaciones entre lengua e integración económica de los inmigrantes, estudios realizados en países con tradición inmigratoria muestran la existencia de alguna relación entre conocimiento de la lengua de destino y nivel de ingresos alcanzado por los inmigrantes (positiva) o con su propensión al retorno (negativa). En el caso español, aún no se dispone de fuentes estadísticas específicas para determinar de forma concluyente la influencia del conocimiento de la lengua en los rendimientos laborales de los inmigrantes residentes en España. Sin embargo, es posible a partir de los datos disponibles establecer algunos resultados reseñables:

i) los inmigrantes de origen hispano tienen niveles más altos de empleo que los de otros orígenes, sólo ligeramente mejores que los de los europeos y marcadamente superiores a los de los africanos;

ii) ese diferencial positivo de empleo de los hispanos se reduce con el tiempo de estancia, lo que podría asociarse con las mejoras en competencias lingüísticas de los inmigrantes de otras lenguas maternas;

iii) la prima de empleo de los hispanos desaparece entre los inmigrantes de niveles educativos medios y altos, ya que los inmigrantes europeos tienen tasas de empleo superiores en esos grupos.

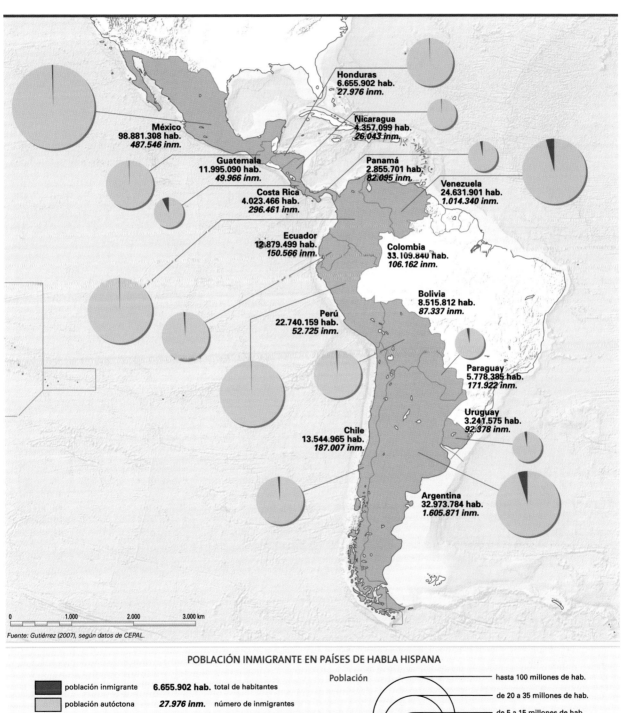

Honduras
6.655.902 hab.
27.976 inm.

México
98.881.308 hab.
487.546 inm.

Nicaragua
4.357.099 hab.
26.043 inm.

Guatemala
11.995.090 hab.
49.966 inm.

Panamá
2.855.701 hab.
82.095 inm.

Venezuela
24.631.901 hab.
1.014.340 inm.

Costa Rica
4.023.466 hab.
296.461 inm.

Ecuador
12.879.499 hab.
150.566 inm.

Colombia
33.109.840 hab.
106.162 inm.

Bolivia
8.515.812 hab.
87.337 inm.

Perú
22.740.159 hab.
52.725 inm.

Paraguay
5.778.385 hab.
171.922 inm.

Uruguay
3.241.575 hab.
92.378 inm.

Chile
13.544.965 hab.
187.007 inm.

Argentina
32.973.784 hab.
1.605.871 inm.

0   1.000   2.000   3.000 km

Fuente: Gutiérrez (2007), según datos de CEPAL.

POBLACIÓN INMIGRANTE EN PAÍSES DE HABLA HISPANA

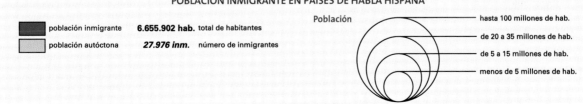

población inmigrante   **6.655.902 hab.** total de habitantes

población autóctona   *27.976 inm.*   número de inmigrantes

Población

hasta 100 millones de hab.

de 20 a 35 millones de hab.

de 5 a 15 millones de hab.

menos de 5 millones de hab.

LA LENGUA ESPAÑOLA EN ÁFRICA

La historia de la presencia de la lengua española en el continente africano se remonta al siglo XV. La formación de una flota castellana y los avances tecnológicos de la navegación durante el siglo XV, con la invención de las galeras, las naos y las cocas, hizo posible la exploración de la costa occidental africana y el arribo a las islas Canarias. Aunque la colonización de las islas se había iniciado a mediados del siglo XV, con el viaje de dos normandos (Juan de Bethencourt y Gadifer de la Salle), la llegada a las islas de la lengua castellana no se produjo con intensidad hasta 1478 y ello supuso la incorporación de algunos elementos de origen guanche antes de que esta lengua del tronco bereber desapareciera. Portugal renunció a sus posibles derechos sobre las islas por el tratado de Alcazobas, en 1479, si bien la influencia del portugués sobre el español de las islas se ha dejado notar a lo largo de toda la historia lingüística de Canarias.

El asentamiento del español en la costa norte del continente africano se produjo con la fundación de la ciudad de Melilla, en 1497. En aquellos años la presencia española se fue extendiendo a diversos enclaves norteafricanos, como Mazalquivir (1505) u Orán (1509), en la actual Argelia. La ciudad de Ceuta, que había sido portuguesa, optó por seguir unida a España en 1640. Durante los siglos XVI y XVII, prácticamente toda la costa de los actuales Marruecos y Argelia estuvo bajo el control político y comercial de España. Ese control se debilitó definitivamente en los territorios argelinos durante el siglo XIX, si bien las migraciones de españoles a la región de Orán durante la primera mitad del siglo XX prolongaron la presencia y el conocimiento del español hasta la independencia de Argelia, en 1962.

Marruecos

Marruecos, que fue en parte protectorado español, se independizó en 1956. Hasta entonces una de sus principales características había sido la pervivencia del habla judeo-española, llamada jaquetía o haquitía. Muchos de los judíos expulsados de España en 1492 se trasladaron a Marruecos y allí mantuvieron una presencia viva y activa. Actualmente, en Marruecos, además del árabe marroquí, se habla francés, principalmente en dominios públicos, y bereber; de hecho, el *chelja* o *cherja* es una modalidad del bereber utilizada en la ciudad de Melilla. Entre los conocedores del español en Marruecos cabe mencionar la población mayor de 60 años, a menudo de origen bereber, en comunidades como Alhucemas, Larache, Nador, Tánger y Tetuán, y que puede superar las 60.000 personas.

Sahara occidental

La región del antiguo Sahara español y de los originarios de ella desplazados a los campos de refugiados instalados en territorio argelino también ha conocido la presencia histórica de la lengua española. De hecho, en los campos de refugiados, las lenguas oficiales son la variedad del árabe llamada *hasanía* y el español. En los campos de Tinduf, sede del Frente Polisario, viven más de 150.000 refugia-

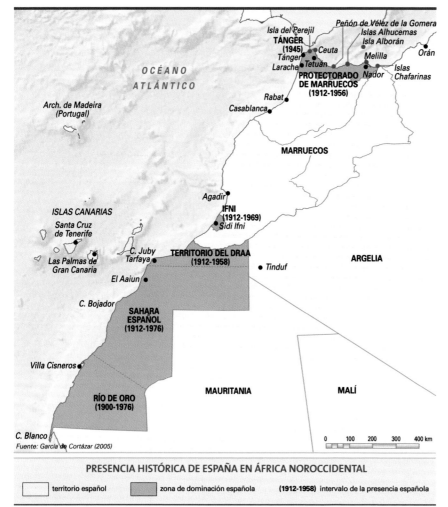

Fuente: García de Cortázar (2005)

PRESENCIA HISTÓRICA DE ESPAÑA EN ÁFRICA NOROCCIDENTAL

territorio español   zona de dominación española   **(1912-1958)** intervalo de la presencia española

dos saharauis y la historia del Sahara Occidental permite aceptar que, entre esa población, los mayores de 50 años (5% de la población) son conocedores de la lengua española, si bien el paso del tiempo ha podido limitar su competencia lingüística.

Guinea Ecuatorial

Es el único país del continente africano que tiene el español como lengua oficial, si bien la oficialidad la comparte con la lengua francesa. En Guinea Ecuatorial, junto a las lenguas oficiales occidentales, también se hablan otras lenguas de origen indígena (*fan*, *bubi*, *ibo*) y un pidgin inglés (*pichi* o *pichinglis*). El primer contacto europeo con Guinea se produjo en 1471 con la llegada de navegantes portugueses a la isla de Annobón, muy alejada del resto de los territorios guineanos. Las prolongadas disputas de España y Portugal por las tierras de Guinea concluyeron en 1777 con la firma de un tratado, si bien no existió una auténtica colonización española hasta el siglo XIX, cuando se impulsó decididamente el comercio y se facilitó la llegada de colonos

levantinos, de negros emancipados y de deportados políticos de Cuba. Las disputas con Francia y Alemania por los territorios continentales de Guinea no concluyeron hasta que en 1900 se fijaron los límites definitivos del territorio español. A partir de ese momento, la colonización se intensificó. En 1959 se dividió el territorio en dos provincias (Fernando Poo y Río Muni) y se concedió a sus habitantes los mismos derechos que a los españoles. La independencia de Guinea se produjo en 1968. La tasa de escolarización en aquel momento era del 90%, lo que suponía de hecho un conocimiento generalizado de la lengua española. Tras la independencia, se intentó generalizar el uso del fan y la escolarización se redujo a unos índices que abocaron al analfabetismo a un importante porcentaje de la población

En unas circunstancias geográficas, culturales y sociolingüísticas como las de la Guinea Ecuatorial actual, resulta especialmente complicado saber con precisión el número de hablantes de lengua española, en calidad tanto de conocedores como

HABLANTES DE ESPAÑOL EN MARRUECOS

Fuente: Moreno y Otero (2007)

- Número de hablantes nativos de español (GDN)
- Número de hablantes de español con competencia limitada (GCL)
- Número total de hablantes de español

de usuarios. Al ser lengua oficial, es habitual su utilización en los dominios públicos (enseñanza, administración, medios de comunicación), pero no está muy claro cuántos guineanos acceden a esos dominios públicos y en qué condiciones lo hacen. Es importante tener en cuenta que la población menor de 14 años supone el 47,3% y que los comprendidos entre los 15 y los 65 años suponen el 50%. Si aceptamos que los que saben leer y escribir lo hacen en español, sería hispanohablante cerca del 90% de la población.

EVOLUCIÓN DE LA POBLACIÓN EN GUINEA ECUATORIAL (1983-2001)			
	1983	1994	2001
Población total	300.000	406.151	1.014.999
Población urbana	28,2%	38,8%	38,8%
Población rural	71,8%	61,2%	61,2%
Población de la Región Insular	59.860	90.526	265.470
Población de la Región Continental	240.140	315.625	749.529
Población de 0-14 años	41,7%	44,4%	47,3%
Población de 15-64 años	54,4%	51,0%	50,0%
Población de >65 años	3,9%	4,6%	2,7%

INDICADORES EDUCATIVOS DE GUINEA ECUATORIAL (1983 - 2001)			
	1983	1994	2001
Tasa bruta de escolarización (5-24 años)	55,8%	84,5%	84,6%
Niños	57,8%	84,8%	88,5%
Niñas	53,7%	84,3%	80,7%
Tasa de alfabetización (>5 años)	61,1%	77,1%	88,7%
Hombres	74,5%	86,5%	90,8%
Mujeres	49,2%	71,5%	86,7%

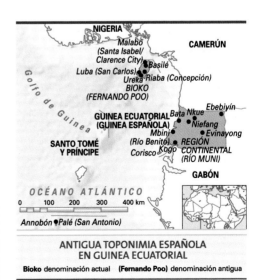

ANTIGUA TOPONIMIA ESPAÑOLA EN GUINEA ECUATORIAL

Bioko denominación actual   **(Fernando Poo)** denominación antigua

LA LENGUA ESPAÑOLA
EN LA REGIÓN DE ASIA-PACÍFICO

La presencia del español en Asia oriental y Oceanía ha sido históricamente escasa, pero no irrelevante. La expedición capitaneada por Magallanes hasta su muerte y concluida por Juan Sebastián Elcano descubrió una nueva ruta de las islas de las especias y sumó nuevos territorios a la Corona española. Felipe II ordenó una expedición, confiada a López de Legazpi, que en 1565 tomó posesión de la isla de Guam y desembarcó en Filipinas. Esta ha sido, sin duda, el área de mayor tradición hispánica en la región Asia-Pacífico. En 1571 se fundó la ciudad de Manila y el español comenzó a utilizarse como lengua oficial en la justicia, la administración y la cultura filipina.

Presencia hispana en Filipinas
Ahora bien, la colonización española nunca llegó a alcanzar en Filipinas la profundidad que adquirió en Cuba o Puerto Rico. Por eso, la herencia cultural hispánica se debilitó rápidamente con el paso del archipiélago a Estados Unidos en 1898. En 1870, cuando la población no era superior a 4,5 millones, los hispanófonos representaban el 3% del conjunto y se estima que el 60% de los filipinos de aquella época usaba el español como lengua segunda. A partir de entonces, la política estadounidense encaminó sus esfuerzos a la sustitución del español por el inglés en los ámbitos públicos. En 1902, la circulación de los periódicos en español casi triplicaba a la de los publicados en inglés; en 1946, año de la independencia, la relación era de 40 a uno a favor de los de lengua inglesa. No obstante, el español siguió usándose en la administración y en el Parlamento (excepto durante la ocupación japonesa de 1942-1945) y fue cooficial en la Constitución hasta 1987, fecha en la que fue relegado definitivamente a idioma optativo de la enseñanza pública. No obstante, la élite local, de tradición hispánica, conserva el español como signo de distinción y este se transmite dentro de algunas familias.

Uno de los factores que contribuyó a que la presencia hispana en Filipinas fuera sensiblemente más reducida que en América, junto a la distancia, fue la existencia de una importante diversidad lingüística repartida en centenares de islas no siempre de fácil acceso. Las lenguas indígenas de mayor peso demográfico y social en Filipinas son el *tagalo* y el *cebuano*. La lengua cebuana,

La labor educativa de España en Filipinas se fue estableciendo muy lentamente, por la pluralidad lingüística del territorio.

Antonio Quilis.
La lengua española en cuatro mundos *(1992).*

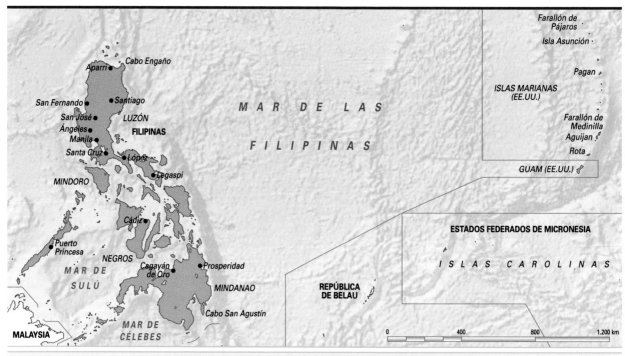

PRESENCIA HISTÓRICA DEL ESPAÑOL EN EL SUDESTE ASIÁTICO

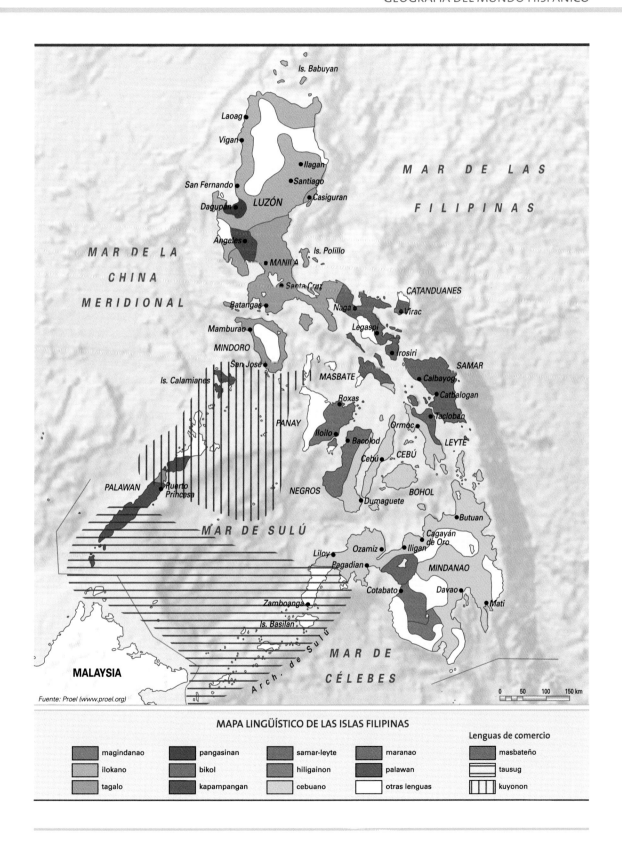

MAPA LINGÜÍSTICO DE LAS ISLAS FILIPINAS

Lenguas de comercio

- magindanao
- ilokano
- tagalo
- pangasinan
- bikol
- kapampangan
- samar-leyte
- hiligainon
- cebuano
- maranao
- palawan
- otras lenguas
- masbateño
- tausug
- kuyonon

LA LENGUA ESPAÑOLA
EN LA REGIÓN DE ASIA-PACÍFICO

PARA SABER MÁS
Albalá, P. y Rodríguez-Ponga R., (1986): *Relaciones de España con las Islas Marianas. La lengua chamorra.* Madrid: Fundación Juan March.

Fernández, M. (ed.) (2001): *Schedding Light on the Chabacano Language. Estudios de Sociolingüística.* 2,2. http://www.sociolinguistica.uvigo.es

Otero, J. (2005): *La lengua española y el sistema lingüístico de Asia-Pacífico.* Real Instituto Elcano. Documento de Trabajo. Nº 2-2005. <http://www.realinstitutoelcano.org>

Quilis, A. (1992): *La lengua española en cuatro mundos.* Madrid: Mapfre.

hablada por alrededor de 14 millones de personas, pertenece al grupo filipino de la rama malayo-polinesia de lenguas austronésicas. El tagalo, por su parte, cuenta con una cifra de hablantes superior a los 20 millones. El tagalo o filipino es lengua oficial del país, junto al inglés, y en su uso público se acusa la influencia tanto del inglés como del español.

El chabacano y sus variantes

El español nunca fue la lengua general del Archipiélago, sin embargo aún es posible descubrir su uso en dos variedades: el español de Filipi-

nas, lengua utilizada por unos 3.000 hablantes, concentrados sobre todo en la región de Manila; y el criollo conocido como chabacano. Este criollo llamado hispano-filipino o chabacano es utilizado en diversas áreas de las islas Filipinas, principalmente Mindanao, por unos 600.000 hablantes, según los recuentos de Antonio Quilis, aunque la cifra más elevada que se ha obtenido hasta ahora a partir de los censos de población es de algo menos de medio millón de hablantes. Una parte de los territorios filipinos estuvieron ocupados en ciertos momentos por holan-

LENGUAS OFICIALES EN LOS PRINCIPALES PAÍSES DE ASIA PACÍFICO

	(1) Nº de lenguas	(2) Lengua(s) Oficial (es)	(3) Nº de hablantes (miles)	(4) (%) hablantes/ población	(5) Índice de Desarrollo Humano	(6) Tasa de alfabetización de adultos
Australia	233	Inglés	19.189	96,5	0,946	–
Bangla Desh	37	Bengalí	130.078	97,7	0,509	41,1
Brunei	17	Malayo	159	46,2	0,867	93,9
Camboya	19	Khmer	11.629	88,6	0,568	69,4
China	200	Mandarín	918.652	71,2	0,745	90,9 (7)
Corea del Norte	1	Coreano	22.435	99,8	Sin datos	Sin datos
Corea del Sur	1	Coreano	47.874	99,8	0,888	–
Fiji	10	Inglés	172	20,7	0,758	92,9
Filipinas	168	Inglés	42.207	52	0,753	92,6
		Filipino	23.761	29,2		
India	386	Hindi	424.684	39,8	0,595	61,3
		Inglés	202.831	19		
Indonesia	726	Indonesio	26.627	12,1	0,692	87,9
Japón	14	Japonés	126.406	99,1	–	–
Laos	81	Lao	3.004	53,9	0,534	66,4
Malaysia	35	Malayo	14.738	58,4	0,793	88,7
Mongolia	11	Mongol	2.232	89,5	0,668	97,8
Myanmar	107	Birmano	34.017	80	0,551	85,3
Nepal	119	Nepalí	12.169	50,3	0,504	44
Nueva Zelanda	3	Inglés	3.483	87	0,926	–
		Maorí	15	3,7		
Pakistán	68	Urdu	11.326	7,5	0,497	41,5
		Inglés	1.585	37,4		
Singapur	20	Malayo	589	13,9	0,902	9,25
		Mandarín	1.837	43,3		
		Tamil	335	7,9		
Sri Lanka	6	Sinhala	11.510	60,3	0,74	92,1
		Tamil	3.748	19,6		
Tailandia	72	Tai	33.662	52,5	0,768	92,6
Taiwán	21	Mandarín	4.535	20	Sin datos	Sin datos
Vietnam	90	Vietnamita	70.972	87,2	0,691	90,3

Fuente: Otero (2005), con datos de (1) www.ethnologue.com;
(2, 3 y 4) Britannica Book of the Year 2004; las cifras en cursiva incluyen los hablantes de esa lengua como lengua franca y los de dialectos cercanos; estimación de la población a mediados de 2003;
(5 y 6) Informe sobre Desarrollo Humano, PNUD 2004 (datos de 2002; los datos de alfabetización proceden de la UNESCO);
(7) la alfabetización en Hong Kong, retrocedida a China en 1997, equivale a: "–" (cero).

deses y portugueses; sin embargo la presencia española ha sido constante en ellos desde los siglos XVII y XVIII. Como consecuencia de una conquista y una colonización irregulares y de los conflictos comerciales con portugueses y holandeses, fueron naciendo en Filipinas distintas variantes del chabacano. Las principales son el chabacano caviteño, el ternateño y el ermiteño, hablados en la bahía de Manila, el chabacano zamboangueño, hablado en Zamboanga, el chabacano cotabateño y el davaeño, hablados en el sur del archipiélago. El léxico chabacano, que no es uniforme en todas las variantes, incluye cerca de un 90% de elementos de origen español, a los que hay que unir voces indígenas y algunos americanismos, arcaísmos y anglicismos, estos últimos cada vez mas frecuentes.

Guam y las islas Marianas

Dentro de la región del Pacífico, el español también ha tenido presencia histórica en la isla de Guam y en las islas Marianas. En estas últimas, la lengua española sigue presente sobre todo en topónimos y antropónimos. Ocupadas por los españoles a partir de 1521, fecha en que dio con ellas la expedición de Juan Sebastián Elcano, se mantuvieron vinculadas a España hasta 1898. En una evolución paralela a la de Filipinas, el español hablado fue retrocediendo desde entonces hasta casi desaparecer. En la isla de Guam, hoy territorio de Estados Unidos, los censos registran algunos cientos de hispanohablantes (apenas el 0,5% de la población), que seguramente proceden de emigraciones recientes, y el español se enseña en algunas escuelas y en la Universidad; desde 1974, el chamorro es co-oficial con el inglés. En las islas Marianas del Norte, estado asociado a los Estados Unidos, son cooficiales el chamorro, el carolino y el inglés desde 1985.

El chamorro es una variedad criolla, utilizada en la isla de Guam y en las Marianas del Norte, que tiene alrededor de 60.000 hablantes. Según R. Rodríguez-Ponga (1996) y Albalá y Rodríguez-Ponga (1986), el chamorro actual es el resultado de la fusión histórica de elementos austronésicos y españoles, a los que se han añadido, a lo largo del siglo XX, préstamos del inglés y del japonés. La duda, a propósito de esta variedad, se ha centrado en su posible clasificación como lengua malayo-polinésica o como criollo con fuerte presencia de elementos españoles. Para Rodríguez-Ponga esta última parece ser la hipótesis más plausible, dado que el léxico de origen español ronda el 50 ó el 60% y que consta la presencia de otros elementos lingüísticos hispanos: distinción de género y número, preposiciones, serie de numerales y pronombres, entre otros. Las voces de origen americano y algunos rasgos fonéticos (seseo, yeísmo) hacen pensar que el español que llegó a las islas Marianas procedía principalmente de América.

PANORAMA DEMOLINGÜÍSTICO DE ASIA-PACÍFICO

El telón de fondo de la presencia del español en Asia es un vasto mural de lenguas y dialectos. En Asia-Pacífico conviven al menos siete familias lingüísticas: la indoeuropea (a la que pertenecen entre otros el hindi, el urdu, el nepalí y el bengalí), la altaica (como el uiguro o el kazajo, del subgrupo del turco, o los del subgrupo del mongol, pariente algo más lejano), la drávida (de la que forman parte el tamil de Sri Lanka, el kanarés del sur de la India y el brahuí de Pakistán), la aústrica (más de un millar de lenguas extendidas por el sudeste asiático y las islas del Pacífico: vietnamita, jemer, lao, tai o siamés, indonesio, malayo, timorés, tagalo, fiyiano, etc.), la sino-tibetana (el chino en sus distintas variedades, el tibetano, el birmano y otras 250 lenguas más), la indo-pacífica (con unas 700 lenguas, la mitad de las cuales con menos de 1.000 hablantes) y la australiana (casi todas las 200 lenguas aborígenes de Australia tienen menos de 1.000 hablantes). Fuera de estas familias, unas asiáticas por entero y otras con allegados en otros continentes, habría en Asia-Pacífico varias docenas de lenguas autóctonas no clasificadas, algunas de ellas tan importantes como el japonés o el coreano (que sin embargo y según ciertas fuentes tienen rasgos comunes con el grupo mongol de la familia altaica).

La mitad de los idiomas del mundo, alrededor de 2.500 lenguas y dialectos, se halla en Asia-Pacífico. Muchos de ellos son hablados por menos de 1.000 personas, y apenas tienen codificación escrita; es previsible que la mayoría desaparezca en las próximas décadas. Al mismo tiempo, algunas de las lenguas más habladas del mundo, que lo serán más aún en el futuro si se mantiene la actual evolución demográfica, son nativas de Asia. Aunque, como han advertido los especialistas, la explosión demográfica asiática pertenece ya al pasado, seis de los diez Estados más poblados del mundo están situados en Asia: China, India, Indonesia, Pakistán, Bangla Desh y Japón. Si bien la tasa de fertilidad de países como Japón, Corea del Sur, Tailandia y China se sitúa ya por debajo de los dos hijos por mujer, en el otro extremo, Camboya, Laos y Pakistán mantienen tasas superiores a los cuatro nacimientos por mujer. También India, Indonesia y Vietnam han experimentado un rápido declive de la tasa de fertilidad en las últimas décadas; pero en conjunto la población de Asia-Pacífico aumentará su peso en el mundo en las próximas décadas, del 47% en 2002 al 63% en 2050, y seguirá siendo por algún tiempo más joven que la de Europa y Norteamérica, aunque menos que la de Oriente Próximo y África.

El creciente peso demográfico de Asia se refleja en el equilibrio cambiante entre las lenguas más habladas del mundo. Las proyecciones demolingüísticas sitúan a cinco lenguas asiáticas entre las más habladas en 2050: chino (1.384 millones de hablantes), hindi-urdu (556), bengalí (229), japonés (103) y malayo-indonesio (80).

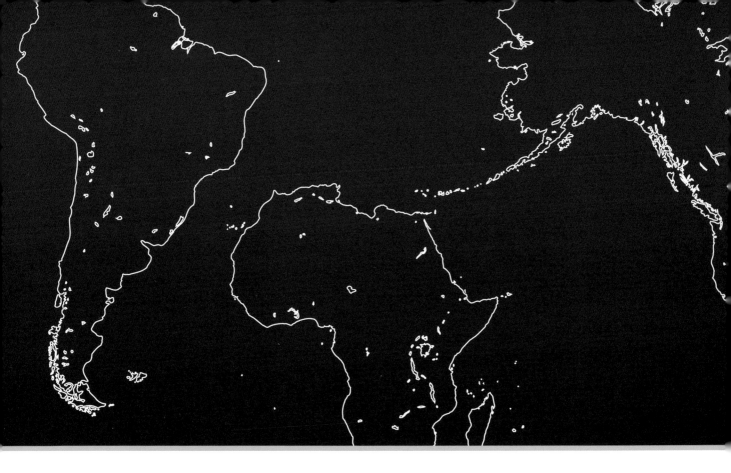

EL ESPAÑOL EN BRASIL

Brasil es un país de dimensiones continentales cuya lengua oficial es el portugués. Las lenguas indígenas forman parte esencial de su configuración lingüística, como ocurre en muchos de los países hispánicos vecinos. Son más de 150 las lenguas indígenas habladas en Brasil, muchas de ellas con menos de 500 hablantes, si bien las familias lingüísticas más destacadas son la arahuaca, la caribe, la yanomami y la tupí-guaraní, esta última por haber sido la base de la lengua general que sirvió de instrumento de comunicación en gran parte del territorio durante siglos.

Presencia histórica

La presencia del español en Brasil puede rastrearse prácticamente desde el siglo XVI. Históricamente son reseñables los viajes exploratorios que Cristóbal Colón realizó entre 1494 y 1495 por la costa de Sudamérica, para asesorar a los Re-

yes de España respecto a la demarcación establecida por el Tratado de Tordesillas o las décadas en que Brasil perteneció a la Corona española (1580-1640). Sin embargo, la influencia más fuerte de España sobre Brasil se ha producido durante los últimos cien años a través de la inmigración. El flujo migratorio desde España se produjo como consecuencia de las crisis económicas padecidas a mediados del siglo XIX, sobre todo en las regiones menos industrializadas (Galicia, Andalucía), y vino a coincidir con la necesidad de sustituir en Brasil la población esclava por una mano de obra barata, principalmente en los cafetales. El destino de la parte más cuantiosa de estos inmigrantes fueron los territorios del Sur y del Sudeste, lo que, unido a la vecindad de los países hispánicos, contribuyó a dar al español una presencia relativamente apreciable y a convertirlo, en el Sur, en una lengua cercana y familiar en todo tipo de relaciones. En cuanto a

la presencia histórica de otros países hispanohablantes en Brasil, hay que resaltar fundamentalmente los contactos comerciales establecidos en la frontera del Sur —con Paraguay, Argentina y Uruguay— contactos que han llegado a transformarse en un Mercado Común (Mercosur).

Actualidad del español en Brasil

La situación del español en el inicio del siglo XXI en Brasil es de auge y de prestigio. Ello se debe, fundamentalmente, a tres hechos de notable importancia en la vida económica, social y cultural del país, a saber: la creación del Mercado Común del Sur en 1991, la aparición de grandes empresas de origen español y de estrechos lazos comerciales con España, sobre todo a partir de 1996-97, y el peso de la cultura hispánica en general. Todo esto se ve abonado por el trabajo de muchos hispanistas y profesores brasileños que han realizado una labor impagable de enseñanza y difusión

EL ESPAÑOL FUERA DEL MUNDO HISPÁNICO

de la lengua y la cultura en lengua española. La creación del Mercosur ha puesto en evidencia la conveniencia de utilizar un instrumento de comunicación común y ello se ha traducido en una mirada interesada hacia el español y en una legislación, derivada de los tratados internacionales, que favorece la difusión de esta lengua. El elemento más significativo de esa legislación es la aprobación en 2005 de la conocida como "ley del español", que obliga a la oferta de este idioma en la enseñanza pública.

Otra consecuencia importante del desarrollo de Mercosur ha sido la evolución de la demografía de la población hispanohablante en Brasil. El gobierno brasileño estima que los extranjeros residentes en Brasil en 2000 eran 733.000, de los cuales el 50% procedían de países pertenecientes al Mercosur. La memoria elaborada por la Embajada de España en Brasil en 2003 arrojaba la cifra de 140.000 españoles registrados en Brasil, de los

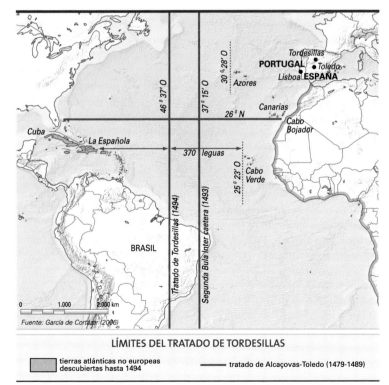

LÍMITES DEL TRATADO DE TORDESILLAS

tierras atlánticas no europeas descubiertas hasta 1494

—— tratado de Alcaçovas-Toledo (1479-1489)

Fuente: García de Cortázar (2006)

MERCOSUR. APORTE AL PIB (%) DE LAS INDUSTRIAS CULTURALES POR PAÍSES (2000).

Fuente: Observatorio de Industrias Culturales de la Ciudad de Buenos Aires, en base a información recopilada durante el trabajo de investigación "Industrias culturales en el MERCOSUR: incidencia económica y sociocultural, intercambios y políticas de integración regional", Secretaría de Cultura y Medios de Comunicación, República Argentina, año 2001.

COLOMBIA
Población: 44,4 millones de hab.
Superficie: 1,1 millones de km²

Caracas

VENEZUELA
Población: 26 millones de hab.
Superficie: 0,91 millones de km²

● Bogotá

BRASIL
Población: 190 millones de hab.
Superficie: 8,5 millones de km²

ECUADOR
Quito ● Población: 13,7 millones de hab.
Superficie: 0,28 millones de km²

PERÚ
Población: 28,7 millones de hab.
Superficie: 1,29 millones de km²

● Lima

● Brasília

● La Paz

BOLIVIA
Población: 9,1 millones de hab.
Superficie: 1,1 millones de km²

PARAGUAY
Población: 6,6 millones de hab.
Superficie: 0,4 millones de km²

CHILE
Población: 16,2 millones de hab.
Superficie: 2,1 millones de km²

● Asunción

● Santiago

Buenos Aires

● Montevideo

URUGUAY
Población: 3,4 millones de hab.
Superficie: 0,17 millones de km²

ARGENTINA
Población: 40,3 millones de hab.
Superficie: 2,8 millones de km²

0   500   1.000 km

Fuente: MERCOSUR: www.mercosur-comisec.gub.uy

EL MERCOSUR

socios   asociados   aspirantes

cuales más de 40 mil eran emigrantes propiamente dichos, mientras que el resto (96.000) eran descendientes de españoles de segunda o tercera generación. Estas cifras arrojan un número de hablantes de español en Brasil que supera fácilmente el medio millón de personas, con previsión de que esa cantidad crezca rápidamente, sobre todo como consecuencia de su aprendizaje en el sistema escolar. Cabe suponer que la mayoría lo hablan como nativos, si bien los descendientes de segunda o tercera generación pueden hablar español con ciertas mezclas o limitaciones.

Cercanía cultural hispánica

Por otro lado, el peso de los productos culturales en español es muy significativo dentro del Mercosur. De hecho, el peso de la cultura hispánica, de la cultura en español, ha sido un factor determinante en el auge de esta lengua en Brasil. El éxito acumulado durante los últimos años por la música y la literatura hispanoamericanas en el ámbito internacional es una realidad, como lo es la simpatía que España despierta por sus manifestaciones artísticas y culturales, a las que no es ajeno el deporte. Desde este punto de vista, puede percibirse en Brasil una inclinación hacia lo español, incluido el español en sus modalidades europeas.

PARA SABER MÁS
Cláudio Aguiar, C. (1991): *Os espanhóis no Brasil*, Rio de Janeiro: Tempo brasileiro.

Consejería de Educación y Ciencia (1995): *Mapa lingüístico de la lengua española en Brasil*, Brasilia: Embajada de España.

Moreno Fernández, F. (2000): "El español en Brasil", *El Español en el Mundo. Anuario del Instituto Cervantes. 2000*. Madrid: Instituto Cervantes, pp. 197-228. <http://cvc.cervantes.es/obref/anuario/anuario_oo/moreno/>

Como un aspecto relacionado con la actitud favorable de los brasileños hacia la cultura hispánica, debe apreciarse un hecho lingüístico importante: la proximidad de las lenguas española y portuguesa, que hace que se sienta la cultura en español como algo afín y, hasta cierto punto, propio. Es verdad que esa misma proximidad puede llevar a la falta de motivación para estudiar y usar la lengua española; pero también es cierto que ante la necesidad o la obligatoriedad de estudiar una lengua extranjera, de las que pueden ser consideradas como más útiles, un hablante de portugués puede preferir el estudio del español al estudio de otras lenguas. En relación con la cercanía y el contacto del español con el portugués en Brasil, merecen comentarse dos situaciones lingüísticas: la existencia de la variedad de mezcla llamada "fronterizo", en los límites con Uruguay, y la convivencia de las dos lenguas, sin que se haya creado una variedad de mezcla estable, en el área de frontera entre Brasil, Colombia y Perú, especialmente en las ciudades de Leticia (Colombia) y Tabatinga (Brasil), ciudades unidas físicamente, pero que mantienen sus respectivas identidades culturales. La denominación *portuñol* se aplica más propiamente a la mezcla de las lenguas española y portuguesa producida por desconocimiento de alguna de ellas o como consecuencia de un aprendizaje deficiente.

Las fronteras del meridiano del tratado de Tordesillas se ensancharon, y con ellas los límites de este país enorme y siempre abierto al futuro. Los castellanos no eran enemigos y su influencia, en São Paulo especialmente, sería clara hasta el día de hoy.

Ángel Valbuena Prat.
En torno al hispanismo de Brasil *(1953).*

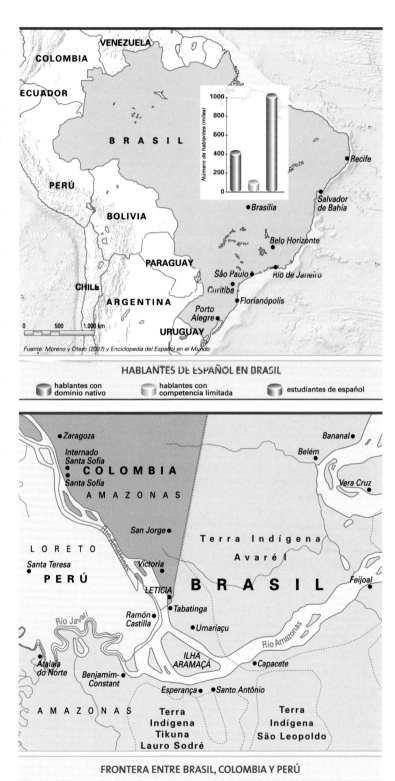

Fuente: Moreno y Otero (2007) y Enciclopedia del Español en el Mundo

HABLANTES DE ESPAÑOL EN BRASIL

hablantes con dominio nativo   hablantes con competencia limitada   estudiantes de español

FRONTERA ENTRE BRASIL, COLOMBIA Y PERÚ

EL ESPAÑOL EN LA HISTORIA DE LOS ESTADOS UNIDOS

En 1528, Alvar Núñez Cabeza de Vaca comienza en Tampa (Florida) un largo viaje que concluiría en 1536 en Culiacán, ya en México. Era esta la primera expedición española que recorría 11.000 kilómetros por el sur de los actuales Estados Unidos. Desde esa fecha hasta 1912, año en que Nuevo México pasó a ser oficialmente un estado de la Unión, y desde ahí al presente, la lengua española ha sido pieza decisiva en la historia de los territorios del Sur y el Oeste de los Estados Unidos. Un intento de periodización de la historia del español en los EE.UU. podría distinguir las siguientes fases:

Periodo de exploraciones: 1528-1596. Los límites de este periodo los constituyen la partida de la expedición de Cabeza de Vaca y el inicio de los asentamientos de Juan de Oñate, a partir de 1596, en el área de Nuevo México.

Periodo de asentamientos: 1597-1848. Los límites los marcan el inicio de las expediciones de Juan de Oñate y el paso del territorio del Sudoeste a manos de los EE.UU., con la firma del tratado de Guadalupe Hidalgo.

Periodo de anglización: 1848-1912. La cesión del Sudoeste a los Estados Unidos comenzó a esbozar el perfil lingüístico más reconocible en la actualidad.

Periodo de estatalización: desde 1912. Estabilización de la sociedad estadounidense y generalización del uso del inglés. El último siglo se caracteriza por una doble y contrapuesta corriente. Por un lado, las instituciones oficiales han ido minando la tradicional presencia hispánica. Por otro lado, durante el final del siglo XX se asistió a un proceso muy intenso de rehispanización, sobre todo por la emigración de raíz mexicana.

Presencia misionera y comercial
En la primera presencia española en territorio norteamericano fue decisiva la acción de los misioneros, muy singularmente de los franciscanos,

MISIONES ESPAÑOLAS EN LA COSTA DEL PACÍFICO

TOPÓNIMOS ESPAÑOLES EN EL ÁREA DE SANTA FE

que poblaron de misiones la costa del Pacífico y, en menor medida, la de Florida. En tierras de la actual California se fundaron más de veinte misiones que jalonaban el amplio espacio que va desde el norte de San Francisco al sur de Los Ángeles. Pero, tan importante para la vida lingüística y cultural como la tarea evangelizadora de los misioneros fue, durante los siglos XVIII y XIX, la apertura de rutas comerciales, por las cuales se distribuyeron bienes y personas hablantes de español. Dos de las más importantes fueron el camino de Santa Fe, que unía Missouri con esa ciudad de Nuevo México, y el "viejo camino español", que se prolongaba desde Santa Fe hasta Los Ángeles. Los caminos y sus transeúntes fueron plagando la geografía de topónimos en español, testigos vivos de la historia hispánica.

Lenguas indígenas

El panorama lingüístico actual de los EE.UU. podría hacer pensar en un uso del inglés muy antiguo y generalizado en toda la Unión. Sin embargo, la historia revela un desarrollo más complejo. Prácticamente todo el territorio norteamericano estaba habitado, antes de la llegada de los europeos, por grupos indígenas de distinta entidad, muchos de ellos cazadores y nómadas y, por lo general, con un nivel de desarrollo sociocultural inferior al de las culturas azteca y maya en las tierras del actual México. Entre los pueblos indios más conocidos están los apaches, los comanches, los indios pueblo, los navajos, los hopis o los yumas. En general, los contactos de la población hispana con los apaches, los navajos y los comanches eran bastante antiguos, pero estaban basados en una relación de rivalidad y de pillaje, para los que fue determinante la incorporación del caballo europeo. Es probable que, en tales circunstancias, la penetración de la lengua, al no estar basada en la convivencia diaria,

Español, inglés y francés en América del Norte en 1800 (The Project Gutenberg EBook of History of the United States, www.gutenberg.net).

EL VIEJO CAMINO ESPAÑOL

*Mejorados ya los heridos,
propuso el Adelantado
formar dos poblaciones
en la Florida, pero sus
soldados lo resistieron,
diciendo que no habían
hallado minas, y que para
ser labradores no tenían
que haber abandonado
sus casas.*

Íñigo Abbad y Lasierra. Relación
de La Florida (1785).

dificultara el juego de influencias entre el español y las lenguas indígenas, pero el caso es que tanto las lenguas de los indios pueblo, como las de los navajos y los apaches han acabado incluyendo préstamos del español. Es más, dada la lejanía lingüística entre las diversas lenguas indias y, más aún, entre estas lenguas y el inglés, no es descabellado pensar que

el español, además de ser lengua del territorio, pudiera servir, en distintos momentos de los siglos XVII al XIX, como lengua franca.

El español en el Sudoeste

La independencia de México, proclamada en septiembre de 1821, dejó en manos de la nueva República los amplísimos territorios del Oeste y el Sudoeste de los actuales Estados Unidos cuya lengua vehicular no era otra que el español. De hecho, en 1800, las lenguas más extendidas en Norteamérica eran el francés, desde Illinois hasta Luisiana, y el español. A mediados del siglo XIX, la guerra entre México y los estadounidenses hizo pasar las tierras a nuevos dueños. El momento histórico fue la firma del tratado de Guadalupe-Hidalgo, en 1848. Con ella se fijó el río Grande como frontera entre las dos naciones. Después, poco a poco, los dominios hispánicos se fueron con-

virtiendo en nuevos miembros de la Unión y el inglés fue extendiéndose en el entramado de la nueva sociedad estadounidense. Puede decirse que la generalización del inglés en los EE.UU. no llegó a producirse hasta entrado el siglo XX.

El español en Florida y el Noreste

El español ha tenido una existencia secular en todos los estados del Sur de la Unión, especialmente del Sudoeste, si bien en Florida el uso del español responde a hechos históricos bien distintos y más recientes. El estado de Florida tiene como principal valedora de la lengua española a la población cubana, en su mayor parte los refugiados políticos y sus descendientes. El español de Florida actualmente es consecuencia de los transplantes de población realizados en los siglos XIX y XX. El uso del español es también frecuente en los estados de Nueva York e Illinois. Los

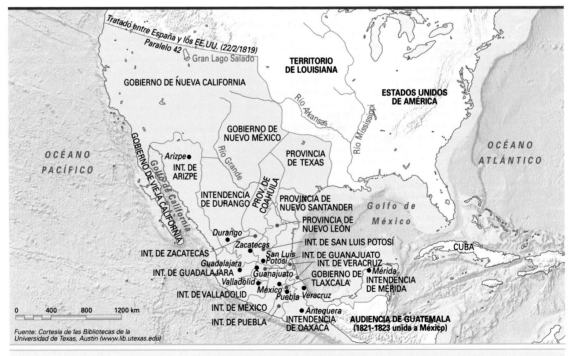

Fuente: Cortesía de las Bibliotecas de la
Universidad de Texas, Austin (www.lib.utexas.edu)

VIRREINATO DE NUEVA ESPAÑA, 1800

Para saber más

Dary, D. (2000): *The Santa Fe Trail: Its History, Legends, and Lore*. New York: Alfred A. Knopf.

Anuarios del Instituto Cervantes: *El español en el mundo*.

< http://cvc.cervantes.es/obref/anuario/default.htm>

Ochoa, G. (2001): *Atlas of Hispanic-american History*. New York: Checkmark.

hablantes de lengua española que se concentran en el Norte son, principalmente, de origen puertorriqueño.

Cinco siglos de historia han configurado la presencia del español en Estados Unidos. En ella han concurrido unas circunstancias demográficas, sociológicas y culturales que han dado a la lengua una complejidad dialectal y sociolingüística que rara vez se ha podido hallar en los amplios dominios hispánicos.

Fuente: Phil Konstantine, UCLA

TRIBUS INDIAS DE MÉXICO Y SUDOESTE DE LOS ESTADOS UNIDOS

Fuente: Cortesía de las Bibliotecas de la Universidad de Texas, Austin (www.lib.utexas.edu)

MÉXICO EN 1823

LOS HISPANOS DE LOS ESTADOS UNIDOS

Los rasgos más sobresalientes de la lengua española en los Estados Unidos revelan que hoy día se trata de la segunda en importancia dentro de la Unión, que es hablada en casa por una población que ronda los 30 millones (no todos los censados como hispanos o latinos hablan español) y que es seña de identidad del 13,3% del total de la población estadounidense, porcentaje que en Chicago se eleva al 26%, en Nueva York al 27%, en Los Ángeles al 46,5% y en Miami al 66%. Puede decirse que hoy se habla español en todos los territorios de los EE.UU. porque en todos ellos viven personas de origen hispánico que hablan español, aunque probablemente su número sea menor en algunas zonas, como Alaska o Hawai. Sin embargo, la huella hispana es especialmente intensa en los estados de Nueva York, Illinois, Florida, Nuevo México, California, Arizona, Colorado, Texas y Luisiana.

Diversidad de orígenes

Los hablantes de español en los EE.UU. son, principalmente, los hispanos de origen cubano en Florida, los de origen puertorriqueño en Nueva York e Illinois y los hispanos tradicionales de Nuevo México y Arizona. A ellos hay que añadir los millones de inmigrantes procedentes de México y de otros países hispanoamericanos, distribuidos por California, Texas y otros muchos estados. Actualmente la cifra de hispanohablantes en los Estados Unidos de América supera los 40 millones, aunque las dificultades que supone distinguir entre hispano e hispanohablante y las cifras de inmigrantes ilegales obligan a manejar con cuidado esa cantidad. Puede decirse, sin embargo, que Estados Unidos es el segundo país hispánico del mundo, después de México. Los hispanohablantes son entre 7 y 10 veces más numerosos que los hablantes de otras lenguas, exceptuando el inglés. Por otra parte, en el año 2000, de la población hispana, el 58% es de origen mexicano; el 10%, puertorriqueño; el 4,8% centroamericano; el 3,8% sudamericano y el 3,5%, de origen cubano. Hay muchas ciudades que tienen más de medio millón de hispanos. Entre ellas destacan Nueva York, Los Ángeles, San Francisco, San Antonio y Miami, y es que el éxodo de los tres principales países de emigrantes ha sido de unas proporciones considerables.

El futuro del español

En lo que se refiere al futuro del español en los EE.UU., si la situación actual llegara a desarrollarse por completo,

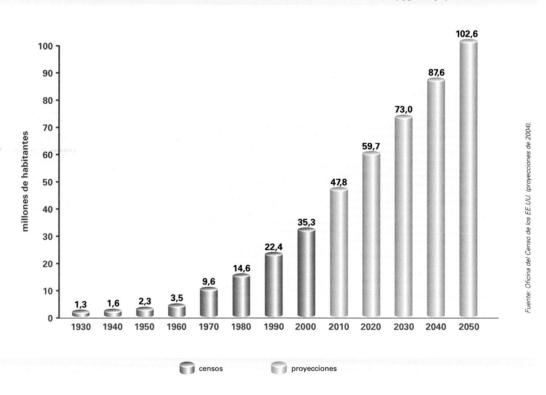

DESARROLLO DEMOGRÁFICO DE LA POBLACIÓN HISPANA EN LOS EE.UU. (1930-2050)

millones de habitantes

1930	1940	1950	1960	1970	1980	1990	2000	2010	2020	2030	2040	2050
1,3	1,6	2,3	3,5	9,6	14,6	22,4	35,3	47,8	59,7	73,0	87,6	102,6

censos   proyecciones

Fuente: Oficina del Censo de los EE.UU. (proyecciones de 2004).

cualitativa y cuantitativamente, algunos de los componentes hispanos más relevantes, podría pensarse en la orientación de la sociedad estadounidense hacia el bilingüismo y la biculturalidad. Se trata, sin embargo, de una hipótesis sujeta a la influencia de multitud de factores. La base del proceso que llevaría a un desenlace de esas características podría estar en la combinación de elementos como la contigüidad geográfica entre los territorios de origen y de acogida, la concentración geográfica de los recién llegados y la alta tasa de natalidad de la población hispana, además de la baja media de edad. A estos factores, pueden añadirse otros, como los que concurren en la situación de Florida, donde la acomodada posición social de muchos hispanos y el volumen de la actividad económica realizada en español confieren a la lengua un peso cualitativo que no se aprecia en ningún otro Estado, a pesar de que el inglés haya sido declarado lengua oficial.

La variable migratoria

En los últimos años han aparecido algunos elementos nuevos que parecen apuntar hacia un hipotético rumbo de biculturalidad, si bien el volumen de la población hispana será en definitiva uno de los elementos clave. La evolución de las estadísticas de los hispanos y de los hablantes de español llegados a los EE.UU. aportan algunos detalles muy llamativos: en 1940, menos de 2 millones; en 1980, más de 14 millones; en 1990, más de 20 millones; en el año 2000, más de 30 millones; en 2005, se superaron los 40 millones; y las proyecciones de población realizadas por la oficina del Censo de los EE.UU. prevén que

Los únicos lazos comunes que pueden observarse entre los diferentes grupos de estos inmigrados son la lengua [...] y —si bien en menor grado— la religión católica.
Humberto López Morales. Los cubanos de Miami (2003).

para el año 2050 los hispanos serán 102,6 millones (24,4% de la población total). Además, por primera vez en la historia, la mitad de los nuevos inmigrantes habla una sola lengua que no es el inglés.

Distribución geográfica

Junto al factor demográfico más netamente cuantitativo, se están produciendo otros fenómenos dig

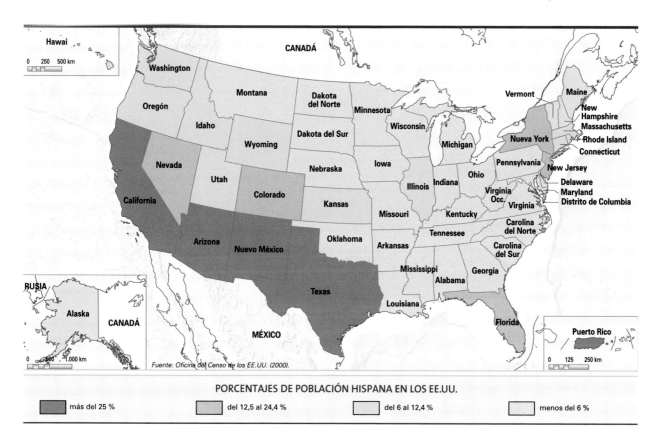

Fuente: Oficina del Censo de los EE.UU. (2000).

PORCENTAJES DE POBLACIÓN HISPANA EN LOS EE.UU.

| | más del 25 % | | del 12,5 al 24,4 % | | del 6 al 12,4 % | | menos del 6 % |

PORCENTAJE DE POBLACIÓN HISPANA EN LOS EE.UU. POR ORIGEN

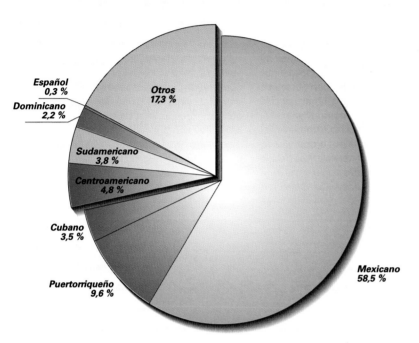

Español 0,3 %
Dominicano 2,2 %
Otros 17,3 %
Sudamericano 3,8 %
Centroamericano 4,8 %
Cubano 3,5 %
Puertorriqueño 9,6 %
Mexicano 58,5 %

Fuente: Oficina del Censo de los EE.UU. (2000).

PARA SABER MÁS

López Morales, H. (2003): *Los cubanos de Miami*. Miami: Universal.

Moncada, A. y J. Olivas (2003): *Hispanos 2000*. Madrid: Ediciones Libertarias.

Romero de Terreros, J.M. (2004): *Hispánicos en los Estados Unidos*. Madrid: Ministerio de Asuntos Exteriores.

US Census Bureau. Hispanos en los Estados Unidos. http://www.census.gov/mso/www/rsf/hisorig/

nos de interés. Uno de ellos es que la población hispana ha comenzado a asentarse fuera de las tradicionales áreas de concentración, haciendo crecer sobremanera la proporción de hispanos en las ciudades de tamaño medio, como Atlanta, Oklahoma City, Washington o Seattle: las regiones intermedias que se extienden entre Florida, Nueva York-Nueva Jersey, Illinois y el gran Suroeste poco a poco se van poblando de hispanos. En segundo lugar, la renta de las familias hispanas sube paulatinamente, acortando la distancia que aún la separa de la media nacional; en este sentido, el modelo socio-económico de Miami puede servir de acicate para las aspiraciones de mejora del nivel de vida de los hispanos. Y, en tercer lugar, la corriente favorable al desarrollo social del español en los EE.UU. está consiguiendo que las familias hispanas que hace unos años preferían no hablar español con sus hijos, para facilitar la adquisición del inglés y su integración en la comunidad anglohablante, aprecien positivamente el uso del español en casa y empiecen a cultivarlo como un valor añadido para sus hijos más pequeños, al tiempo que los hijos mayores no dudan en estudiarlo en la universidad, acogiéndose a la creciente oferta de cursos de español para hispanohablantes.

PRINCIPALES CIUDADES HISPANAS EN LOS EE.UU. (2000)

Lugar y estado	Población total		Población hispana		Porcentaje de hispanos en la población total
	Cantidad	Posición	Cantidad	Posición	
Nueva York, NY	8.008.278	1	2.160.554	1	27,0
Los Angeles, CA	3.694.820	2	1.719.073	2	48,5
Chicago, IL	2.896.016	3	753.644	3	28,0
Houston, TX	1.953.631	4	730.865	4	37,4
Filadelfia, PA	1.517.550	5	128.928	24	8,5
Phoenix, AZ	1.321.045	6	449.972	6	34,1
San Diego, CA	1.223.400	7	310.752	9	25,4
Dallas, TX	1.188.580	8	422.587	8	35,6
San Antonio, TX	1.144.646	9	671.394	5	58,7
Detroit, MI	951.270	10	47.167	72	5,0
El Paso, TX	563.662	23	431.875	7	76,6
San José, CA	894.943	11	269.989	10	30,2

Fuente: Oficina del Censo de los EE.UU., Censo 2000, Compendio de Datos 1 (Summary File 1).
(Para información sobre protección de la confidencialidad, errores ajenos al muestreo y definiciones, vea www.census.gov/prod/cen2000/doc/sff.pdf)

Bilingüismo o diglosia

El futuro de la lengua española en los EE.UU. estará íntimamente ligado a las condiciones sociales en que se desenvuelvan sus hablantes. La hipótesis de la asimilación solo se barajaría si se produjera un retroceso demográfico y político de la población hispana. En caso de que no se produzcan las condiciones adecuadas y favorables para la expansión social del español, la situación podría fosilizarse en un patrón de diglosia sociológica, que iría en detrimento del prestigio social de la lengua y que favorecería soluciones lingüísticas regionales, más permeables a las transferencias desde el inglés.

El mantenimiento del español en el hogar es un factor que fortalece su vitalidad sociolingüística.

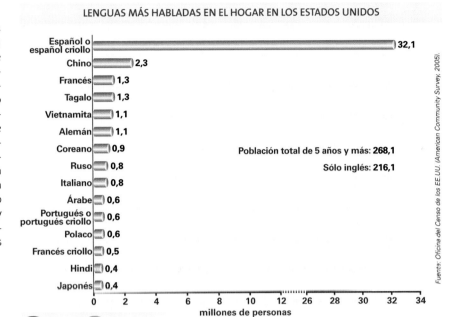

LENGUAS MÁS HABLADAS EN EL HOGAR EN LOS ESTADOS UNIDOS

Población total de 5 años y más: **268,1**

Sólo inglés: **216,1**

Fuente: Oficina del Censo de los EE.UU. (American Community Survey, 2005).

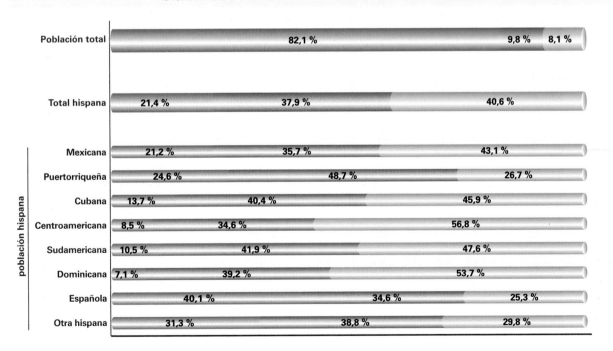

IDIOMA HABLADO EN EL HOGAR Y HABILIDAD PARA HABLAR INGLÉS

	sólo habla inglés en el hogar	habla en el hogar un idioma que no es inglés, habla inglés "muy bien"	habla en el hogar un idioma que no es inglés, habla inglés menos de "muy bien"
Población total	82,1 %	9,8 %	8,1 %
Total hispana	21,4 %	37,9 %	40,6 %
Mexicana	21,2 %	35,7 %	43,1 %
Puertorriqueña	24,6 %	48,7 %	26,7 %
Cubana	13,7 %	40,4 %	45,9 %
Centroamericana	8,5 %	34,6 %	56,8 %
Sudamericana	10,5 %	41,9 %	47,6 %
Dominicana	7,1 %	39,2 %	53,7 %
Española	40,1 %	34,6 %	25,3 %
Otra hispana	31,3 %	38,8 %	29,8 %

Fuente: Oficina del Censo de los EE.UU. (2000).

LA CONVIVENCIA DEL ESPAÑOL Y EL INGLÉS EN LOS ESTADOS UNIDOS

Las consecuencias de la convivencia de lenguas diferentes pueden ser de naturaleza tanto social como lingüística. Cuando español e inglés entran en contacto, puede crearse un continuo de variedades comunicativas que van desde el español más castizo (pongamos, de los hispanos recién inmigrados) hasta el inglés más característico de una zona. Entre uno y otro, hallamos estadios como estos: «español con préstamos nuevos :: español con préstamos y calcos :: inglés con préstamos y calcos :: inglés con préstamos nuevos». En el centro de la escala aparecería la alternancia de lenguas, cuando existe dominio de ambas lenguas, o la mezcla más errática, si no hay tal dominio. En el uso del inglés en los EE.UU. se pueden hallar tanto expresiones consideradas como emblemáticas (*hola, amigo, hasta la vista*) como la tendencia a utilizar ciertos procedimientos gramaticales del español: la terminación *–esta* de la palabra *fiesta* se utiliza como sufijo en *jubilesta* (*<jubilee*) o *Hallowesta* (*<Halloween*), para expresar un grado máximo de celebración.

Transferencias del inglés

La influencia del inglés sobre el español también se deja notar en el mundo hispano y adquiere formas muy variadas. Los fenómenos de transferencia más frecuentes son los préstamos (con distinto grado de adaptación al español), los calcos sintácticos y la alternancia de lenguas. De todos ellos, es especialmente llamativa la presencia de préstamos del inglés que, en muchas ocasiones, se convierten en la alternativa utilizada en el español de los EE.UU. Los estudios sobre el léxico de los adolescentes hispanos demuestran que los anglicismos son más frecuentes cuando se habla de temas como los medios de transporte o los sistemas de acondicionamiento de la temperatura; sin embargo, son poco frecuentes al hablar de la comida y la bebida, la jardinería o las enfermedades.

El espanglish

Cuando todos los procesos de transferencia que se han señalado aparecen con una intensidad mayor, sobre todo en el caso de los hablantes bilingües, suele utilizarse la denominación de "spanglish" o "espanglish". Este uso se cataloga como una variedad de mezcla bilingüe, que, desde un punto de vista socio-histórico, surge principalmente en el seno de un grupo étnico que se resiste de algún modo a la completa asimilación al grupo dominante. Desde un punto de vista lingüístico, el espanglish está tan diversificado, al menos, como el origen de los hispanos que lo utilizan (mexicano, cubano, puertorriqueño,...) y a esta diversidad hay que añadir la del modo, variadísimo, en que se producen los calcos, los préstamos, las transferencias gramaticales o las alternancias de lengua.

TIPOS DE TRANSFERENCIAS LINGÜÍSTICAS DEL INGLÉS AL ESPAÑOL

- *Préstamo puro:* *Straight*, tiene el pelo *straight*
- *Creación híbrida:* un *calendador* (*<calendar* 'calendario')
- *Extensión semántica:* Este hombre parece que les *está introduciendo* al otro (*<to introduce* 'presentar')
- *Calco sintáctico:* Yo también *'toy teniendo un buen tiempo* (*<to have a good time* 'pasárselo bien'). *Fuerza policía* (*<police force*)
- *Alternancia de lenguas / cambio de código:* empujé pa tras *and then everything started* ('y entonces todo comenzó); a veces *we take too many things for granted* ('damos por sentadas muchas cosas')

Fuente: Mendieta (1999)

PARA SABER MÁS

Klee, C.A. (ed.) (1991): *Sociolinguistics of the Spanish –Speaking World.* Tempe: Bilingual Press.

Marcos Marín, F. (2006): *Los retos del español.* Madrid: Iberoamericana.

Morala, J.R.: *Diccionarios de variantes del español*: español@ internet.

Morales, E. (2002): *Living in Spanglish.* New York: St. Martin's Press.

PORCENTAJE DE USO EXPLÍCITO DEL PRONOMBRE PERSONAL SUJETO EN HISPANOS DE NUEVA YORK					
	Caribe		Continente		Ambas regiones	
	Nº Hablantes	% explícito pronombres	Nº Hablantes	% explícito pronombres	Nº Hablantes	% explícito pronombres
Recién llegados	19	36	20	24	39	30
Segunda generación	24	46	23	30	47	38
Total/Promedio	43	41	43	27	86	34
		$p = 0{,}003$		$p = 0{,}04$		$p = 0{,}02$

Fuente: R. Otheguy y A. C. Zentella (2007)

[El spanglish]
es un desplazamiento
de un lugar —de un hogar—
a otro lugar —a otro hogar—,
donde ambos lugares
permiten que uno se sienta
como en casa, aun cuando
ninguno sea el hogar.

Ed Morales. Living in Spanglish *(2002).*

FRAGMENTO DE LA CANCIÓN "OUR SONG"

If tomorrow you feel lonely it's ok...
Te prometo princesita volveré..
Please stop the crying...
Se me va el avión...
When you miss me...
Pon nuestra canción...
Aquella canción de amor...
Que nos fascina a los dos
The song we always play...
When we make sweet love...
Me da pena sorry that I have to go...
No me digas adiós...
Sometimes in life you don't
get what you want...
Me duele mucho
teneme que alejar...
Babygirl you know well
your mah boo...
Y te prometo que en mi
mente estarás tu...
Y aquella canción de amor...
Que nos fascina a los dos..
The song we always play...
When we make sweet love...
Me da pena sorry that I have to go...
No me digas adiós...
Tell me that you miss me...
Tell me that you love me
& you need me...
Say it girl...
Before I go...
Dime que me amas...
Dime que de lejos tú me extrañas..
Dime esas palabras...
Me voy mi amor...
Tell me that you miss me...
Tell me that you love me
& you need me...
Say it girl...
Before I go...

Aventura (2005): God's Project.
New York: Premium Latin Music. UPC:
037629408221

Finalmente, la llegada de hispanos de distinta procedencia a los EE.UU. desencadena procesos muy complejos, como la paulatina confluencia de variedades diferentes del español o la igualación de los usos lingüísticos de todos los hispanos como consecuencia de la influencia del inglés. Así, por ejemplo, el uso expreso del pronombre personal sujeto (frente a su ausencia: *yo como / como*) es muy frecuente en los hispanos caribeños recién llegados a Nueva York y más escaso en los que proceden del continente; en la segunda generación todos ellos aumentan la proporción del uso explícito del pronombre.

PORCENTAJES DE TRANSFERENCIAS EN UNA MUESTRA DE HABLANTES HISPANOS DE LOS EE.UU.

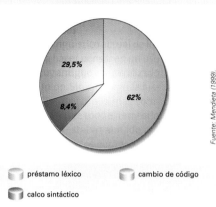

29,5%
8,4%
62%

Fuente: Mendieta (1999).

● préstamo léxico   ● cambio de código

● calco sintáctico

PORCENTAJES DE ANGLICISMOS EN EL LÉXICO ESPAÑOL DE HISPANOS JÓVENES DE CHICAGO, POR TEMAS O CENTROS DE INTERÉS.

Fuente: F. Moreno Fernández

LA LENGUA DE LA DIÁSPORA

Durante la Edad Media, la circunstancia política, social y económica de los reinos peninsulares había hecho posible la coexistencia de grupos étnicos diferentes, incluidos los judíos, que desarrollaron un uso particular del romance hispano denominado judeo-español, sefardí o ladino. La aparición de esta modalidad lingüística específica fue posible gracias al modo de vida de los judíos, amantes de preservar su religión y sus costumbres y de vivir reunidos en juderías. Ello no impidió el intercambio sociocultural con los demás grupos sociales, si bien la aparición de disensiones entre judíos, árabes y cristianos se hizo inevitable.

La expulsión de los judíos

La mezcla racial y cultural fue una constante fuente de preocupación para las autoridades eclesiásticas y políticas, instigadas desde los siglos XII y XIII por las órdenes militares. En esa misma época se desató una oleada de anti-judaísmo en Europa que dio lugar a hechos muy significativos: el Concilio de Letrán (1215) ordenó la separación radical de judíos y cristianos para evitar influencias perniciosas; Eduardo I expulsó a los judíos de Inglaterra. Como consecuencia de ese movimiento europeo, España llegó a ser refugio de judíos expulsos y perseguidos, por las condiciones legales ventajosas que se les ofrecía. Pero también aquí se produjeron, con el tiempo, incidentes

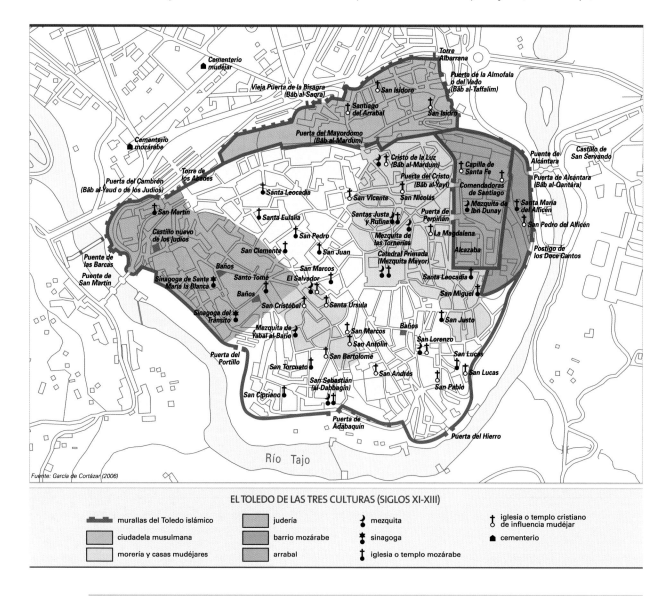

Fuente: García de Cortázar (2006)

EL TOLEDO DE LAS TRES CULTURAS (SIGLOS XI-XIII)

- murallas del Toledo islámico
- ciudadela musulmana
- morería y casas mudéjares
- judería
- barrio mozárabe
- arrabal
- mezquita
- sinagoga
- iglesia o templo mozárabe
- iglesia o templo cristiano de influencia mudéjar
- cementerio

> *Las hablas judeo-españolas no son un dialecto del modo que puedan serlo el leonés, el aragonés o el andaluz.*
> *Son un conjunto heterogéneo de modalidades que se han formado sobre diversas bases peninsulares en las que se han ido marcando las lenguas con las que ha estado en contacto.*
>
> M. Alvar: "El judeo-español de Marruecos" *(1996).*

antisemitas. Las persecuciones llevaron a las conversiones forzosas y la situación fue deteriorándose poco a poco, hasta que llegó el decreto de expulsión: todos los que no aceptaran el bautismo debían abandonar España, su Sefarad. Unos 100.000 judíos abandonaron España.

La diáspora sefardí

La expulsión de los judíos sefardíes dio lugar a una diáspora que llevó importantes contingentes de población al Norte de África y a la región de los Balcanes. En el Norte de África, el judeo-español se adaptó a la nueva circunstancia lingüística y se creó

la variedad llamada *jaquetía*, que ha perdurado hasta nuestros días. La llegada del judeo-español a los Balcanes se debió a una invitación del sultán Bayaceto II y llevó a la creación de comunidades sefardíes en Turquía, Grecia, la isla de Rodas, Bulgaria, Serbia, Bosnia, Macedonia, Rumania y Palestina. Allí, la convivencia del judeo-español con otras lenguas, en contextos diversos, ocasionó su progresiva diferenciación dialectal interna, que puede observarse hasta la actualidad.

EVOLUCIÓN DEL NÚMERO DE ESCUELAS CON OFERTA DE ESPAÑOL EN ISRAEL

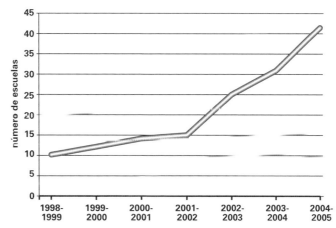

Fuente: Enciclopedia del español en el mundo (2006).

POLIAS DE SARAJEVO

Yo me
alevanté un
lunes, un
lunes muy
demañana.
Me le hue a
su cama,
lo abrasé y
lo besé.
Onde mi
regalado,
mi querido,
mi estimado...

Líricos-judío (polias). Versión de Sarajevo (Bosnia). Recogida por Laura Papo, 1933.

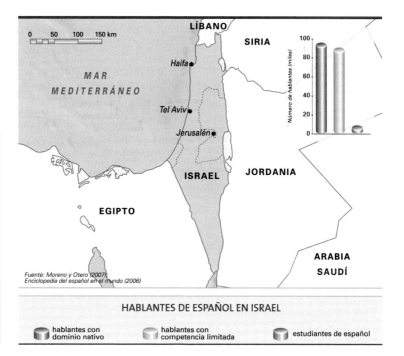

Fuente: Moreno y Otero (2007); Enciclopedia del español en el mundo (2006)

HABLANTES DE ESPAÑOL EN ISRAEL

hablantes con dominio nativo   hablantes con competencia limitada   estudiantes de español

PARA SABER MÁS

Aki Yerushalayim : revista de las emisiones de Israel en judeo-espaniol (1979). Jerusalén: *s.n.*

Instituto Sefardí Europeo. <http://www.sefarad.org/institut.php?safa=es>

Quintana, A. (2006): *Geografía lingüística del judeo-español.* Bern: Peter Lang.

BALADA DE SALÓNICA

En mis güertas crecen flores   y en los sacsís gravinas.
2 Por ayí pasó un cabayero   cargado de oro y perlería.
S'aparan damas y donzeyas   por tala maraviya.
4 Del relumbrador de las donzeyas,   el cabayo ya no le camina.
Echó los ojos en alto;   s'enamoró de la más chica.
6 Le prometió todos sus bienes   por ver si en él quería.
—Más muchos tiene el mi padre,   que un conde de Sevía.—
8 El cabayero, que es mancebo,   sus mientes ayí metía.
Caminos de quinze días   en siete ya lo haría.
10 A la fin de la media noche,   a la puerta le batería.
Topó la puerta cerrada   y ventanas que no se abrían.
12 Con palabras de encantamiento,   d'en par en par las abriría.
Metióle puño en sus pechos,   por ver si se consentía.
14 Despertóse la donzeya,   con gran temblor y manzía:
—Vate, vate, cabayero,   vate, vate, por tu vía.
16 Si de aquí te echo un grito,   te acojo todo Sevía.

Fuente: Armistead y Silverman (1981).

El judeo-español hoy

En lo que se refiere al uso del español en la actualidad por parte de los descendientes de los sefarditas, en Israel arroja una cifra de hablantes de español superior a los 175.000, muchos de ellos residentes de origen argentino y de origen español. La mayor parte de los hispanohablantes de Israel son conocedores de un judeo-español o ladino que está en retroceso y lo usan con una competencia limitada. Los expertos en ladino afirman que hay 200.000 hablantes de ladino alrededor del mundo, de los cuales la mitad residen en Israel. En Turquía, el número estimado de hablantes de judeo-español es de 8.000, aunque su competencia ha ido empobreciéndose con el paso del tiempo. La jaquetía de Marruecos tiene hoy un uso muy limitado socialmente (5.500 hablantes), si bien en 1948 llegó a superar los 260.000 hablantes.

El español en Israel

Además de los hablantes de judeo-español, originarios en su mayoría de países del antiguo Imperio Otomano y del norte de África, hay en el Israel actual una considerable comunidad de hablantes de español compuesta principalmente por emigrados judíos de Iberoamérica y España. Esta comunidad no exhibe una marcada lealtad lingüística hacia el español, aunque conserva, al menos en la primera generación, hábitos culturales (lectura, televisión) relacionados con sus países de procedencia. Este grupo ha crecido de forma significativa desde el año 2002, hasta alcanzar el 2,3% de la población.

La afluencia de este grupo se ha reflejado en un aumento de la oferta de enseñanza de español en todos los niveles educativos, desde la escuela secundaria, donde muchos adolescentes inmigrantes escogían al hacer el examen de matriculación de literatura en español y no en hebreo, hasta la enseñanza superior. Como lengua extranjera, sin embargo, el español se encuentra aún muy distanciado del francés (la lengua europea de estatus comparable) en la oferta educativa y en las preferencias de los estudiantes. La lengua española se imparte en numerosos colegios universitarios y en todas las universidades del país, donde los estudios hispánicos están registrando un inusitado interés. Además de la enseñanza reglada, se imparten cursos de ELE en numerosos institutos privados, en centros comunitarios y en instituciones dependientes de las municipalidades. El Instituto Cervantes de Tel Aviv registró un significativo aumento de matrículas entre 1998-99 (424) y 2004-2005 (1021).

Fuente: Quintana (2006)

VARIEDADES DIALECTALES DEL JUDEO-ESPAÑOL

grupo noroccidental | grupo nororiental | grupo suroriental

OBRAS DESTACADAS DE LA LITERATURA EN LADINO
Pentateuco (Constantinopla, 1547)
Ordenanza de las oraciones de Cedur del mes hebraico y vulgar español (Venecia, 1552)
Libro de oraciones (Ferrara, 1552)
Biblia (Ferrara, 1553)
Psalterium (Ferrara, 1553)
Orden de Roshasanah y Kipur (Maguncia, 1584)
Cantar de los cantares (Venecia, 1609)
Orden de bendiciones (Ámsterdam, 1687)

Alvar, Manuel (1992): "Ladino", en El español de las dos orillas. Madrid: MAPFRE, pp. 117-130.

EL LADINO

La palabra *ladino*, procedente del latín *latinus*, adquirió en los siglos XV y XVI el significado de 'lengua en que se escribían los textos religiosos'. Esta denominación fue utilizada por los judíos de la diáspora para referirse al romance escrito por los sefardíes y después como sinónimo de *judezmo* o *español*. El ladino era la modalidad lingüística del español a la que se traducían los textos bíblicos, con la intención de hacer llegar sus contenidos y enseñanzas a la gente iletrada, en una lengua más cercana a su forma de hablar romanceada, pero de tal manera que los textos conservaran su cariz religioso. Se trata, por tanto, de una variedad del español que nunca llegó a ser hablada por nadie, sino que se utilizó para traducir palabra por palabra, "verbo a verbo", del hebreo o el arameo al español, los textos bíblicos o los libros de oraciones rituales.

El primer testimonio de la cultura judía que comenzó a reelaborarse en la diáspora es una traducción del *Pentateuco* aparecida en Constantinopla en 1547. Antes se habían realizado otras traducciones de la Biblia, desde los trabajos de traducción de Alfonso X con fines historiográficos, hasta la traducción de Mosé Arragel aparecida en Maqueda en 1422, pero la salida de los sefardíes supuso una nueva dimensión cultural y el nacimiento de una literatura religiosa en ladino. En esta literatura ladina, la obra más significativa fue, sin duda alguna, la *Biblia* de Ferrara. Manuel Alvar señala que la *Biblia* ferrarense es la obra capital de la literatura ladina por una serie de motivos, entre los que destacan la influencia que ejerció entre los protestantes españoles y los textos que de ella salieron, como el *Salterio* o el *Cantar de los cantares*. La Biblia de Ferrara se publicó en 1553 y tuvo una rápida difusión entre las comunidades sefardíes de toda Europa.

Las características lingüísticas del ladino son muy interesantes porque, siendo español, presenta unos elementos que no se encuentran en otras variedades. Se trata de una lengua que tiene una sintaxis condicionada por el hecho de responder a traducciones palabra por palabra desde el hebreo, lo que le da una configuración muy particular. La razón de ello estaba en que debía preservar al máximo la fidelidad a los textos sagrados y, en definitiva, a la palabra de Dios. Por otro lado, el ladino incluye muchas voces y usos gramaticales arcaizantes de origen muy al siglo XV. Junto a todo ello, aparecen las voces de origen hebreo, heredadas de los sefardíes más antiguos, que reflejan realidades no compartidas con el cristianismo.

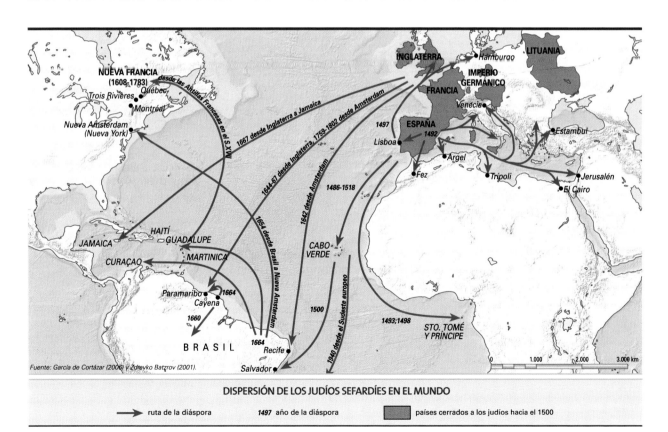

DISPERSIÓN DE LOS JUDÍOS SEFARDÍES EN EL MUNDO

→ ruta de la diáspora   *1497* año de la diáspora   ▨ países cerrados a los judíos hacia el 1500

HABLANTES DE ESPAÑOL EN LA UNIÓN EUROPEA

La Unión Europea está compuesta por 27 Estados miembros que ocupan un territorio de unos 4 millones de km² y comprenden una población de cerca de 500 millones de ciudadanos. La UE reconoce 23 lenguas oficiales. Entre esas lenguas está el español, que es lengua nacional y oficial en España. Además, tienen reconocimiento oficial en la UE cuatro lenguas españolas (catalán, gallego, vasco y valenciano). El español es también conocido y utilizado fuera de España, hasta alcanzar un número aproximado de hablantes de unos 30,4 millones (UE25), de los cuales más de dos millones lo utilizan con una competencia de hablante nativo y alrededor de 28 millones con una competencia limitada.

PARA SABER MÁS
Europa y las lenguas: http://europa.eu/languages/es/home

Eurobarómetro:
http://ec.europa.eu/education/policies/lang/languages/index_es.html#8

Ministerio de Educación y Ciencia. Cooperación Internacional. <http://www.mec.es/educa/jsp/plantilla.jsp?id=41&area=internacional>

Siguan, Miquel (1996): *La Europa de las lenguas*. Madrid: Alianza.

Hispanohablantes en la UE

El recuento de hablantes de español en la Unión Europea puede desglosarse del modo siguiente: 1) Habitantes nacidos en España y asentados en otros países de la UE. 2) Habitantes de origen español de segunda o tercera generación, nacidos en otros países de la Unión Europea. 3) Habitantes de origen hispanoamericano asentados en países de la UE, excluida España. Las estadísticas de las Consejerías de Trabajo y Asuntos Sociales de España permiten calcular los hablantes de español de los grupos 1 y 2. Otras fuentes señalan que el número de hispanoamericanos no documentados en Europa es superior a los 2 millones y, de ellos, una buena parte reside en España.

Si se tienen en cuenta las diferencias en el dominio de la lengua, habría que distinguir en la Unión Europea aquellos que hablan español como nativos, de aquellos que, pudiendo hablarlo, no lo hacen con total fluidez, y de aquellos que no lo dominan por completo pero que han accedido a su adquisición mediante algún tipo de enseñanza. En la Unión Europea existen grupos de población hispanohablante, nada desdeñable en su número, asentados en diversos países, principalmente en Francia, por razones de emigración económica e ideológica. Esos emigrantes son hablantes de español que han transmitido su lengua a las siguientes generaciones, si bien éstas a menudo hacen un uso precario de ella. Para atender las necesidades de estudio en español y aprendizaje del español, el Ministerio de Educación y Ciencia de España dispone de una red amplia y diversa de centros y programas de enseñanza: centros de titularidad española, aulas y agrupaciones de lengua y cultura o secciones españolas en centros del Estado receptor.

El español como lengua no nativa

El español es la cuarta lengua más conocida de la Unión Europea por hablantes no nativos y su conocimiento se ha extendido de 2001 a 2005. Los datos de la última encuesta lingüística del *Eurobarómetro*, realizada en 2005 (cuando la UE tenía 25 miembros), indican que hay un 6% de la población que dice poder hablar es-

Fuente: Moreno y Otero (2007) y Enciclopedia del español en el mundo (2006).

HISPANOHABLANTES EN LA UNIÓN EUROPEA
(excluida España)

hablantes con dominio nativo — hablantes con competencia limitada — estudiantes de español

pañol como lengua no materna. Esto supone que alrededor de 27,5 millones de personas de la Unión tienen capacidad para comunicarse en español, aunque sea con una competencia limitada. El conjunto de hablantes de español con limitaciones en su competencia de la Unión Europea está formado, por tanto, por 408.000 hablantes de origen español de segunda o tercera generación residentes fuera de España, más los 27,5 millones que dicen poder comunicarse en español. En este grupo hay que situar los 3 millones largos de estudiantes que, según datos del Instituto Cervantes, reciben clases de español en Europa. Es interesante además que una buena porción de los europeos considere al español como una lengua útil para su desarrollo personal y profesional; aunque esta proporción baja si se tienen en cuenta los nuevos miembros de la Unión.

EVOLUCIÓN DE LA EMIGRACIÓN ESPAÑOLA (1880-2001)

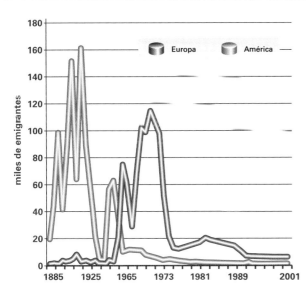

Fuente: Ministerio de Trabajo y Asuntos Sociales.

DISTRIBUCIÓN DE LA POBLACIÓN ESPAÑOLA EN EL EXTERIOR (2001)

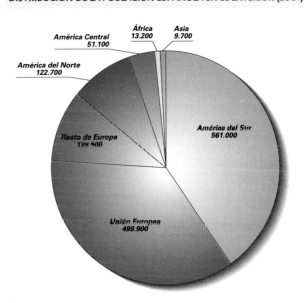

PROPORCIÓN DE RESIDENTES ESPAÑOLES Y FRANCESES DE ORIGEN ESPAÑOL

Fuente: Consejería de Trabajo y Asuntos Sociales en Francia (1999).

EVOLUCIÓN DE ESPAÑOLES RESIDENTES EN FRANCIA (1954-1999)

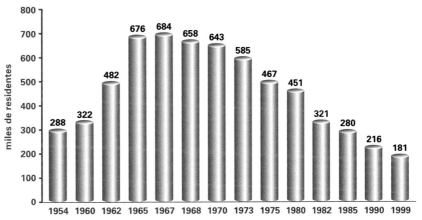

Fuente: Consejería de Trabajo y Asuntos Sociales en Francia.

POBLACIÓN ESPAÑOLA RESIDENTE EN ALEMANIA: EVOLUCIÓN

Fuente: Ministerio de Trabajo y Asuntos Sociales, Instituto Federal de Estadística (www.destatis.de).

EVOLUCIÓN DE LA COLONIA ESPAÑOLA EN BÉLGICA (1993-2002)

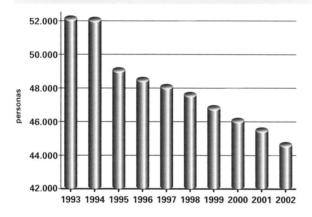

DISTRIBUCIÓN DE LA COLONIA ESPAÑOLA EN BÉLGICA POR PROVINCIAS (2003)

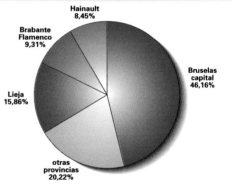

Hainault 8,45%
Brabante Flamenco 9,31%
Bruselas capital 46,16%
Lieja 15,86%
otras provincias 20,22%

Fuente: Consulado General de España en Bruselas, Institut Nacional de Statistique

POBLACIÓN ESPAÑOLA RESIDENTE EN ALEMANIA: DISTRIBUCIÓN POR EDADES

menores de 6 años | de 6 a 10 años | de 10 a 15 años | de 15 a 18 años | de 18 a 21 años | de 21 a 25 años | de 25 a 65 años | mayores de 65 años

 total nacidos en Alemania

Fuente: Ministerio de Trabajo y Asuntos Sociales, Instituto Federal de Estadística (www.destatis.de).

DATOS ESTADÍSTICOS DEL NÚMERO DE RESIDENTES ESPAÑOLES EN EL REINO UNIDO, SEGÚN DEMARCACIONES CONSULARES (2003)

Demarcación consular	Número de residentes
Londres	59.464
Manchester	7.628
Edimburgo	2.554

Fuente: Consulado General de España en Londres www.conspalon.org

Fuente: Ministerio de Trabajo y Asuntos Sociales, Instituto Federal de Estadística (www.destatis.de).

POBLACIÓN ESPAÑOLA RESIDENTE EN ALEMANIA: DISTRIBUCIÓN GEOGRÁFICA

Los datos correspondientes a Gibraltar (cerca de 28.000 habitantes) se incluyen en los generales de la UE, aunque es interesante resaltar la capacidad de la mayor parte de la población gibraltareña para comunicarse en español o haciendo uso de la mezcla de lengua bilingüe denominada *llanito* o *yanito*, con alternancia de inglés y español.

El futuro del español en las instituciones

A pesar de ser una de las lenguas europeas más extendidas en el mundo, el español corre el riesgo de quedar relegado a un segundo plano en las instituciones de la Unión Europea. Según los tratados de la Unión, todas las lenguas oficiales tienen el mismo estatus. En la práctica, se ha consolidado el uso de un grupo reducido de lenguas para el trabajo cotidiano de las instituciones. Mientras que en las reuniones del más alto nivel se dispone de interpretación a todas las lenguas, en la mayoría de los comités y grupos de trabajo predominan el inglés, el francés y el alemán. Lo mismo ocurre con la traducción de documentos. Las últimas ampliaciones de la Unión han vuelto a plantear la cuestión del uso de las lenguas en las instituciones, ante las crecientes dificultades financieras y logísticas que comporta el mantenimiento del régimen de traducción a todas ellas.

IDIOMAS MÁS HABLADOS EN LA UE25 COMO LENGUA NO NATIVA

	Eurobarómetro 55.1/2001	Eurobarómetro 64.3/2005
Inglés	38%	32%
Francés	14%	11%
Alemán	14%	8%
Español	6%	5%
Ruso	6%	

Fuente: Eurobarómetro especial 243 (2006).

LENGUAS CONSIDERADAS MÁS ÚTILES PARA EL DESARROLLO PERSONAL Y PROFESIONAL EN LA UE

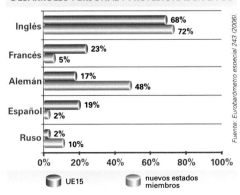

	UE15	nuevos estados miembros
Inglés	68%	72%
Francés	23%	5%
Alemán	17%	48%
Español	19%	2%
Ruso	2%	10%

Fuente: Eurobarómetro especial 243 (2006).

EL ESPAÑOL COMO LENGUA EXTRANJERA

La enseñanza del español como lengua extranjera ha cobrado auge en los últimos años, como consecuencia de factores como el creciente peso demográfico y económico de los hispanohablantes, repartidos por una veintena de países de renta media; la evolución positiva de la imagen exterior de buena parte de estos países, que desde los años 70 han experimentado profundos cambios sociales y políticos; y la favorable proyección internacional de la cultura en español, apoyada en el importante elemento hispano de los Estados Unidos y en su irradiación cultural a todo el mundo.

Aunque no hay datos universales, completos y comparables, sobre el número preciso de personas que estudian español, existen indicadores parciales de que la demanda ha crecido en los últimos años. Por ejemplo, las matrículas en los cursos del Instituto Cervantes se multiplicaron casi por 5 entre 1994-1995 y 2004-2005.

Un informe reciente de la multinacional de enseñanza de idiomas Berlitz mostró que la demanda de español en sus academias creció un 9,5% en el periodo 1989-2004, lejos del chino (454,01%) y del inglés (43,2%), pero más que el italiano (-17,2%), el francés (-17,2%) o el alemán (-42,8%). Según datos recogidos por la Cancillería de Argentina, el número de estudiantes extranjeros de español en este país aumentó en un 57,4% de 2004 a 2006. Más de 40.000 visitantes de la Argentina lo fueron por motivos de estudios en 2003 (el 1,4% del total de los turistas). La cifra de alumnos que vienen a España a aprender español en una amplia variedad de cursos podría estar en torno a los 180.000 cada año, según estimaciones del sector.

El español como lengua extranjera en Europa

Los motivos para estudiar español varían según los países y las personas. En Europa occidental y del norte,

procedencia de la mayor parte de los candidatos a los DELE (Diplomas de enseñanza del español como lengua extranjera), el español es a menudo la tercera o la cuarta lengua en las preferencias de los estudiantes. En Francia, principal cantera europea de escolares que estudian español, es la segunda lengua extranjera elegida de forma mayoritaria. En Alemania y otros países desarrollados existe una apreciación del español como lengua expresiva más que como lengua instrumental. Por el contrario, la relación es la inversa en determinadas áreas de Estados Unidos como Florida, donde los salarios en ciertos sectores económicos pueden ser mayores para los bilingües que para los monolingües en inglés.

Estados Unidos

Como idioma extranjero, el español a menudo compite por el segundo puesto en las preferencias de los estudiantes de lenguas extranjeras,

GEOGRAFÍA DE LA ENSEÑANZA DEL ESPAÑOL

salvo en algunos países de habla inglesa. En los Estados Unidos, casi el 60% de los estudiantes de lenguas modernas escogen el español en el *College*. El número de doctorados en *Spanish Language* y *Literature* superó en la década de 1990 al de doctorados equivalentes en francés y alemán. En los últimos años, los países hispanohablantes han sido en conjunto el segundo destino de los universitarios estadounidenses que estudian en el extranjero, después de los países anglohablantes. España es la primera receptora de estudiantes del programa de intercambio universitario *Erasmus*, que todos los años mueve a decenas de miles de jóvenes por Europa.

EVOLUCIÓN DE LAS INSCRIPCIONES EN EXÁMENES *DELE* Y CURSOS DEL INSTITUTO CERVANTES

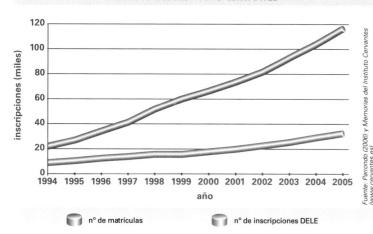

n° de matrículas n° de inscripciones DELE

Fuente: Parrondo (2006) y Memorias del Instituto Cervantes (www.cervantes.es)

DISTRIBUCIÓN GEOGRÁFICA DE LOS CANDIDATOS A LOS *DELE*

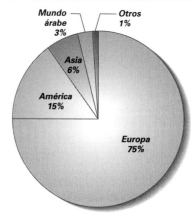

Fuente: Parrondo (2006)

El español es de gran interés para nosotros, por ser la lengua que habla una gran porción de los habitantes de nuestros continentes con quienes probablemente tendremos relaciones por largo tiempo, y es en ella en la que está escrita la mayor parte de la historia temprana de América.
Thomas Jefferson (1818).

IDIOMAS MÁS ESTUDIADOS COMO LENGUA EXTRANJERA

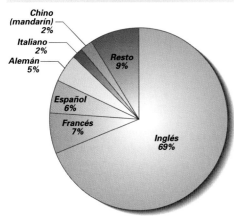

Chino (mandarín) 2%
Italiano 2%
Alemán 5%
Resto 9%
Español 6%
Francés 7%
Inglés 69%

Fuente: 1er. Informe Berlitz sobre el estudio del español en el mundo (2005)

EVOLUCIÓN DEL ALUMNADO *ELE* EN ARGENTINA

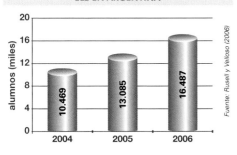

2004: 10.469
2005: 13.085
2006: 16.487

alumnos (miles)

Fuente: Rusell y Velloso (2006)

PROCEDENCIA DE LOS ALUMNOS *ELE* EN ARGENTINA

Oceanía 1,8%
Asia 4,1%
África 0,6%
Brasil 11,2%
Europa 42,3%
América del Norte 40%

Fuente: Rusell y Velloso (2006)

Los estudios hispánicos no son nada nuevo en los EE.UU., donde la atención a América Latina siempre fue un vector permanente de la política exterior. Pero su auge actual tiene que ver con el crecimiento de la población de origen hispano, debido sobre todo a la inmigración procedente de México. Según datos de la Oficina del Censo, 32,1 millones de estadounidenses dicen hablar español en casa. Sin embargo, el ritmo de adquisición del inglés es semejante al de otras minorías culturales y su integración en la sociedad americana es cada vez mayor, política y económicamente. Para llegar a sus votantes hispanos, los candidatos en las últimas elecciones presidenciales han recurrido a la lengua de Cervantes. Por su poder adquisitivo, la minoría hispana delos EE.UU. está cerca de ser la comunidad hispanohablante más rica del mundo.

El futuro del español en los EE.UU. es todavía una incógnita, pero la permanencia de una minoría que desea mantener o recuperar el idioma de sus antepasados está asegurada durante al menos las próximas décadas. Según Humberto López Morales, 120.000 hispanos aprenden español en Florida.

Brasil

Brasil puede llegar a ser el segundo mercado del español como lengua extranjera. La creación del Mercosur en 1991 y las crecientes relaciones económicas con sus vecinos hispanohablantes y con España han dado impulso a la demanda de español. La enseñanza se ha extendido en el sector privado y se han promovido iniciativas legislativas para introducirla como lengua obligatoria en la enseñanza pública. Argentina, Colombia, Paraguay y Uruguay, países circundantes, han firmado convenios de cooperación con Brasil para la enseñanza recíproca de portugués y español, especialmente en las zonas fronterizas. El español ha experimentado transformaciones en

el imaginario brasileño en los últimos años y está superando algunos estereotipos arraigados en Brasil.

África y Oriente Medio

El norte de Marruecos conserva la influencia española, reavivada después del fin del gobierno colonial por el comercio, el turismo, las migraciones y la señal de televisión. La presencia educativa española es intensa, con diez centros escolares de titularidad pública y media docena de centros del Instituto Cervantes. Los marroquíes forman el grupo de licenciados extranjeros más numeroso de la Universidad española. En los campamentos de refugiados saharahuis, la enseñanza sigue impartiéndose en español. En Guinea Ecuatorial, el español hace todavía las funciones de lengua de comunicación entre hablantes de las distintas lenguas nativas, aunque la actividad empresarial y de cooperación española no parece evitar la extensión del inglés como principal lengua franca. En países como Senegal o Costa de Marfil, las expectativas acerca de la emigración a Europa pueden explicar las elevadas cifras de estudiantes de español. En Israel, el español se ve empujado por la reciente afluencia de hispanoamericanos y la afición a las producciones televisivas iberoamericanas.

PARA SABER MÁS

Ministerio de Asuntos Exteriores y Cooperación (2006): *Memoria de Actividades 2005*. Dirección General de Relaciones Culturales y Científicas.

Instituto Cervantes (2006): *Enciclopedia del español en el mundo. Anuario del Instituto Cervantes 2006-2007*. Véanse también Anuarios anteriores en http://cvc.cervantes. es

Ministerio de Educación y Ciencia (2006): *El mundo estudia español 2006*. Véanse también informes anteriores en http://www.mec. es/redele

Asia

Los vestigios del español en Extremo Oriente se limitan a las hablas criollas y a una abundante toponimia y antroponimia en los archipiélagos filipino y mariano. Después de la pérdida de las Filipinas en 1898, la presencia española en Asia declinó, pero esta tendencia podría empezar a cambiar a medida que se internacionalizan las principales economías asiáticas. Según un estudio reciente del Real Instituto Elcano, el 39% de los japoneses entrevistados encontraban atractiva la idea de aprender español. Por su parte, China podría ser el mercado asiático más prometedor para la enseñanza de la lengua española, en especial si tenemos en cuenta sus crecientes relaciones económicas con Iberoamérica.

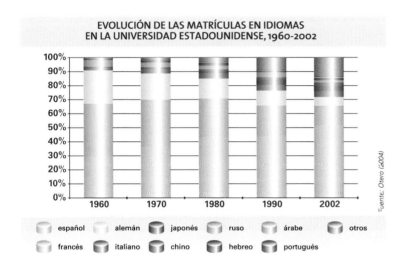

EVOLUCIÓN DE LAS MATRÍCULAS EN IDIOMAS EN LA UNIVERSIDAD ESTADOUNIDENSE, 1960-2002

Fuente: Otero (2004)

español alemán japonés ruso árabe otros
francés italiano chino hebreo portugués

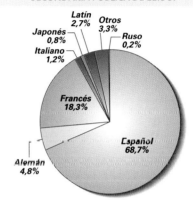

DISTRIBUCIÓN DE LAS MATRÍCULAS EN IDIOMAS EXTRANJEROS EN LA ENSEÑANZA SECUNDARIA PÚBLICA DE EE.UU.

Latín 2,7%
Otros 3,3%
Japonés 0,8%
Ruso 0,2%
Italiano 1,2%
Francés 18,3%
Español 68,7%
Alemán 4,8%

Fuente: Otero (2004, sobre datos de 2000)

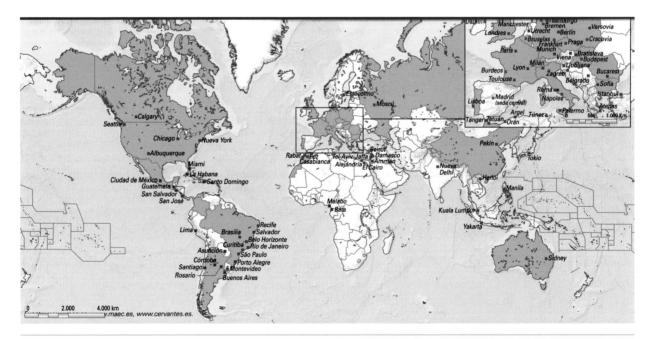

ACCIÓN CULTURAL Y EDUCATIVA DE ESPAÑA EN EL EXTERIOR

• centros y aulas del Instituto Cervantes

países con sede de Consejerías y Agregadurías del Ministerio de Educación y Ciencia

• centros culturales de la Agencia Española de Cooperación Internacional - Ministerio de Asuntos Exteriores y Cooperación

El Diccionario de la Real Academia Española define el Hispanismo como la "afición al estudio de las lenguas, literaturas o cultura hispánicas". En su sentido original, a finales del siglo XIX, el término 'hispanismo' hizo referencia a los estudios sobre la cultura española, especialmente la lengua, la literatura y otras artes, por parte de europeos y norteamericanos. Posteriormente, el creciente peso de América en el mundo hispánico en términos demográficos, políticos y económicos, pero también culturales y de creación artística, atrajo la atención internacional hacia lo hispanoamericano, particularmente en Estados Unidos. El auge de las lenguas modernas como parte del currículum universitario y la aparición de los estudios multidisciplinares y de área han aumentado el abanico de materias que hoy suelen englobarse bajo la consideración de estudios hispánicos, incluyendo a menudo las ciencias sociales. La internacionalización de los estudios universitarios obliga, por otra parte, a considerar parte de la misma comunidad científica a los estudiosos

PARA SABER MÁS
Real Academia Española:
www.rae.es

Asociación de Academias de la Lengua Española: http://asale.org

Asociación Internacional de Hispanistas: http://asociacioninternacionaldehispanistas.org

Portal del Hispanismo:
http://hispanismo.cervantes.es

Fundación Duques de Soria:
www.fds.es

Recursos para hispanistas en el Centro Virtual Cervantes: http://cvc.cervantes.es/hispanistas.htm

Bello, A. (1847): Gramática de la lengua castellana, destinada al uso de los americanos. Ed. de R. Trujillo, Santa Cruz de Tenerife: Instituto de Lingüística Andrés Bello, 1981.

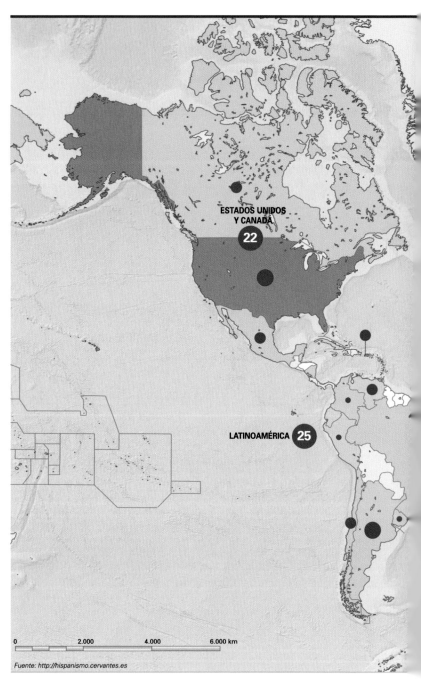

ESTADOS UNIDOS
Y CANADÁ
22

LATINOAMÉRICA **25**

0   2.000   4.000   6.000 km

Fuente: http://hispanismo.cervantes.es

de las humanidades en los propios países hispanohablantes.

La base de datos del Hispanismo del Instituto Cervantes refleja esta diversificación de los estudios hispánicos en el mundo al recoger 152

asociaciones variadas de investigadores o profesores de español; 227 centros de estudios latinoamericanos; 2.263 departamentos universitarios en todo o en parte dedicados a los estudios hispánicos (incluyendo

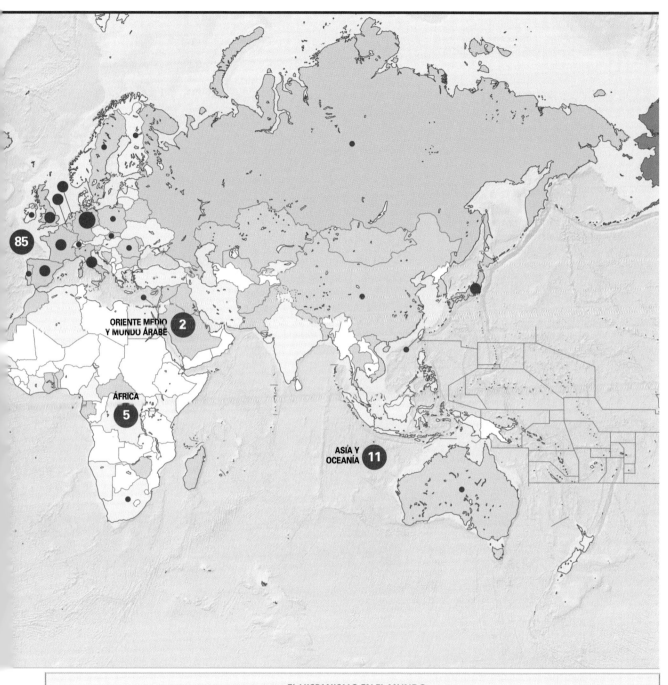

EL HISPANISMO EN EL MUNDO

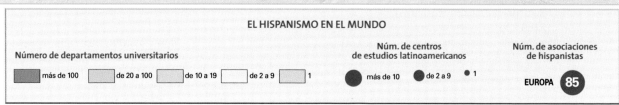

Número de departamentos universitarios

más de 100 | de 20 a 100 | de 10 a 19 | de 2 a 9 | 1

Núm. de centros
de estudios latinoamericanos

más de 10 | de 2 a 9 | 1

Núm. de asociaciones
de hispanistas

EUROPA 85

centros de enseñanza de lenguas); y 11.416 'hispanistas'. El predominio, en esta recopilación de datos, de Estados Unidos y otros países desarrollados, muestra el interés que despierta internacionalmente el universo del español, a la vez que pone en evidencia la importancia social y económica que en estos países ha adquirido la formación y transmisión de conocimiento especializado.

Las Academias y el cuidado de la lengua

La conciencia sobre el necesario cuidado de la lengua, vehículo de la creación literaria, útil de comunicación e instrumento para la administración pública, surge muy pronto en el dominio de habla hispana. La *Gramática de la Lengua Castellana* de Antonio de Nebrija (1492) fue la primera que se hizo de una lengua románica. Dice el autor en el prólogo dedicado a la reina Isabel: "Esta [la lengua castellana] hasta nuestra edad anduvo suelta y fuera de regla: y a esta causa ha recibido en pocos siglos muchas mudanzas, porque si la queremos cotejar con la de hoy ha quinientos años, hallaremos tanta diferencia y diversidad cuanta puede ser mayor entre dos lenguas". Las ideas ilustradas, en el siglo XVIII, impulsaron la creación de la Real Academia Española, que tiene como misión principal «velar porque los cambios que experimente la Lengua Española en su constante adaptación a las necesidades de sus hablantes no quiebren la esencial unidad que mantiene en todo el ámbito hispánico» (Estatutos, art. 1°).

Años después de las independencias americanas fueron surgiendo en las diferentes repúblicas instituciones semejantes a la RAE, que con el tiempo han establecido lazos de cooperación entre sí. En 1951 se acordó en México la constitución de la Asociación de Academias de la Lengua Española, con el fin de «trabajar asiduamente en la defensa, unidad e integridad del idioma común, y velar porque su natural crecimiento sea conforme a la tradición y naturaleza íntima del español». La ASALE impulsa una política lingüística de concertación entre las Academias "en pie de igualdad y como ejercicio de una responsabilidad común", para la elaboración de los grandes códigos del idioma: el diccionario, la gramática y la ortografía. Las Academias colaboran también con el Instituto Cervantes en la organización de los Congresos Internacionales de la Lengua Española, que se celebran de forma itinerante en países de habla hispana desde 1992.

TITULADOS EN ALEMÁN, ESPAÑOL Y FRANCÉS, POR GRADOS EN ESTADOS UNIDOS, AÑOS ESCOGIDOS 1950-2001

Fuente: Otero (2004) con datos del Departamento de Educación de EE.UU.

LA NUEVA FUNCIÓN DE LAS ACADEMIAS DE LA LENGUA

En nuestros días, las Academias, en una orientación más adecuada y también más realista, se han fijado como tarea común la de garantizar el mantenimiento de la unidad básica del idioma, que es, en definitiva, lo que permite hablar de la comunidad hispanohablante, haciendo compatible la unidad del idioma con el reconocimiento de sus variedades internas y de su evolución. Esta orientación panhispánica, promovida por la Real Academia Española, que las Academias han aplicado sistemáticamente y se plasma en la co-autoría de todas las obras publicadas desde la edición de la *Ortografía* en 1999, procede de la voluntad política de actuar en una determinada dirección, pero requiere también los medios humanos, económicos y técnicos que permitan conocer la realidad actual del español con todo detalle, para luego poder recomendar, con conocimiento de causa, las líneas de actuación más adecuadas.

Asociación de Academias de la Lengua Española: http://asale.org/

Política lingüística panhispánica

La necesidad de una norma lingüística de validez y aplicación en todo el territorio hispánico se ha ido poniendo de manifiesto desde el siglo XIX, principalmente a partir de los trabajos del gramático Andrés Bello. En esa línea, las Academias de la lengua desplegaron en los últimos años del siglo XX una política lingüística panhispánica. Las peculiares características del mundo hispánico hacen que adquiera una especial relevancia la colaboración entre las academias de la lengua española porque la norma culta del español, la que ha de servir de modelo para la "estandarización monocéntrica" y para la enseñanza, no es única sino múltiple. Para llegar a una estandarización monocéntrica (norma académica única) construida a partir de una información suficientemente contrastada de una realidad multinormativa (norma culta policéntrica), las Academias se están dotando de diversos instrumentos, como la redacción consensuada del diccionario y de la gramática, la redacción de un diccionario panhispánico de dudas, la construcción de corpus de lengua escrita y hablada, histórica y contemporánea, sobre los que basar las decisiones académicas, o la consolidación de una "Escuela de Lexicografía Hispánica", que forma lexicógrafos de acuerdo con unas mismas pautas metodológicas que han de ejecutarse desde las sedes de las academias de la lengua española de todo el mundo.

> No se crea que recomendando la conservación del castellano sea mi ánimo tachar de vicioso y espurio todo lo que es peculiar de los americanos. Hay locuciones castizas que en la Península pasan hoy por anticuadas y que subsisten tradicionalmente en Hispanoamérica ¿por qué proscribirlas? Si según la práctica general de los americanos es más analógica la conjugación del algún verbo, ¿por qué razón hemos de preferir la que caprichosamente haya prevalecido en Castilla? Si de raíces castellanas hemos formado vocablos nuevos, según los procederes ordinarios de derivación que el castellano reconoce [...], ¿qué motivos hay para que nos avergoncemos de usarlos? Chile y Venezuela tienen tanto derecho como Aragón y Andalucía para que se toleren sus accidentales divergencias, cuando las patrocina la costumbre uniforme y auténtica de la gente educada.
>
> *Andrés Bello (1847)*

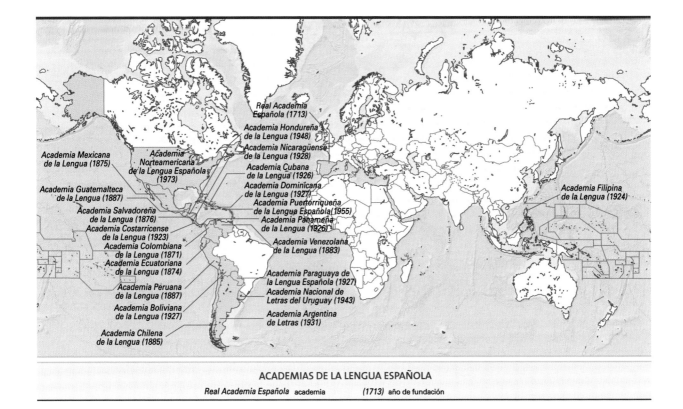

ACADEMIAS DE LA LENGUA ESPAÑOLA

Real Academia Española academia   *(1713)* año de fundación

FUNDAMENTOS DEMOGRÁFICOS DEL ESPAÑOL

A medida que la lengua española ha cobrado auge como vehículo de comunicación para una gran comunidad de naciones –para sus intercambios culturales, educativos, comerciales–, la atención académica y de los agentes políticos y empresariales se ha vuelto crecientemente hacia los aspectos sociales y económicos del español como lengua internacional. Entre estos aspectos, destaca el demolingüístico, entendido como el estudio de la población hispanohablante, su distribución geográfica y evolución en el tiempo.

Qué es un hablante de español

Los objetivos de la demolingüística del español exigen establecer de una forma previa y no ambigua qué se entiende por "hablante de lengua española"; esto es, qué se entiende por "hablante" y qué se entiende por "lengua española". El método propuesto aquí distingue tres grupos de hablantes de español, que apa-

recen representados por medio de tres círculos de expansión consecutiva. El primer círculo –o círculo nuclear– correspondería a los hablantes que constituyen el *Grupo de Dominio Nativo* (GDN) del español; el segundo círculo –o círculo ampliado– corresponde al *Grupo de Competencia Limitada* (GCL) en español. El tercer círculo –o círculo periférico– corresponde al *Grupo de Aprendices de Lengua Extranjera* (GALE), es decir, de español como lengua extranjera. De este modo, la comunidad lingüística (grupos) de los usuarios potenciales (GUP) de la lengua española estaría constituida esencialmente por los miembros del GDN, a los que se sumarían los miembros del GCL y del GALE, tal y como se recoge en esta formulación:

GUP = GDN + (GCL + GALE)

En esta ecuación, el GDN representa al conjunto de individuos cuya capacidad de usar una lengua determinada se corresponde con –o

Para saber más
Instituto Cervantes (2006): *Enciclopedia del Español en el mundo.* Barcelona: Círculo de Lectores - Plaza&Janés.

Moreno , F. y Otero, J. (2007). *Demografía de la lengua española.* Madrid: Instituto Complutense de Estudios Internacionales.

Mas de este carácter ecuménico, que da fuerza universal al idioma heredado, no se ha deducir que tal expansión sea, idiomáticamente, un acontecer estadístico, sino un suceder dinámico, de evolución.

A. Herrero Mayor.
Presente y futuro de la lengua española en América
(1944).

GEOECONOMÍA DEL ESPAÑOL

se aproxima a– la de aquellos que la adquieren desde la infancia, en interacción con su familia, con los miembros de una comunidad o a través de la escuela. En este grupo estarían incluidos los hablantes de español como lengua materna, los hablantes de español como lengua principal y los hablantes bilingües en comunidades con implantación social del español. El GCL es el conjunto de individuos cuya capacidad de usar una lengua es limitada (dominio precario o restringido a ciertos temas o situaciones comunicativas). Serían hablantes de español con competencia limitada los de segunda y tercera generación en comunidades bilingües; los usuarios de variedades de mezcla bilingües; y las personas extranjeras de lengua materna diferente del español residentes en un país hispanohablante. El GALE estaría compuesto por aquellos individuos que han adquirido o están adquiriendo una lengua determinada a través de un proceso de aprendizaje de aula. Su dominio de la lengua puede ser muy diferente, desde los principiantes a los expertos, sean estos estudiantes de español de la enseñanza reglada en un país no hispanohablante, o los estudiantes de español en instituciones de enseñanza de español como lengua extranjera.

Qué es la lengua española

En cuanto al concepto de "lengua española", para el recuento de hablantes de español en el mundo se ha considerado como manifestaciones de la lengua española todas sus variedades dialectales –europeas, americanas y africanas– incluyendo también las hablas criollas de base hispánica, así como las variedades judeo-españolas distribuidas por varios lugares del mundo. No está de más

HABLANTES DE ESPAÑOL			
	Mundo hispánico	Fuera del mundo hispánico	Totales
Grupo de Dominio Nativo	359.461.000	40.520.000	399.981.000
Grupo de Competencia Limitada	1.860.000	23.138.000	24.998.000
Grupo de Aprendices de Lengua Extranjera	-	-	14.000.000
Grupo de Usuarios Potenciales	-	-	438.979.000

Hablantes de español, por grupos de dominio de la lengua. Los datos del GCL se basan en los registros de residentes extranjeros y otras fuentes. Los datos del GALE se basan en las estimaciones del Instituto Cervantes.

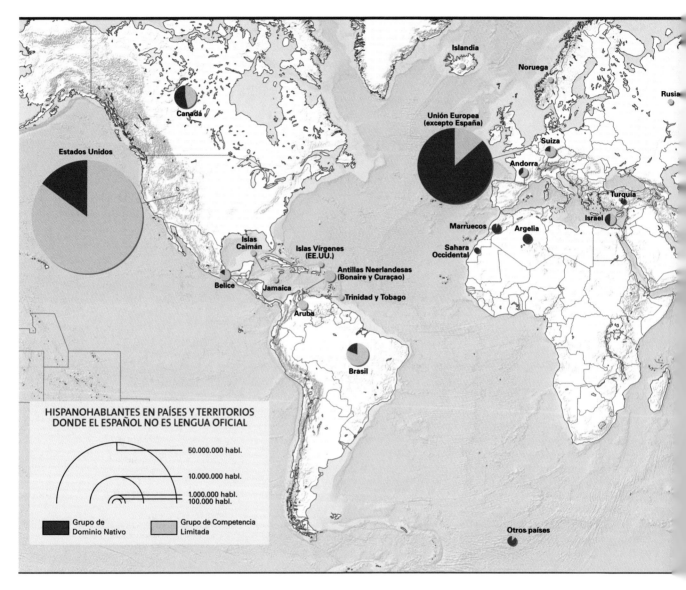

HISPANOHABLANTES EN PAÍSES Y TERRITORIOS DONDE EL ESPAÑOL NO ES LENGUA OFICIAL

50.000.000 habl.

10.000.000 habl.

1.000.000 habl.
100.000 habl.

Grupo de Dominio Nativo

Grupo de Competencia Limitada

insistir en que la lengua española tiene un carácter de koiné y que se caracteriza por su homogeneidad lingüística, especialmente en los niveles más cultos, sin perder de vista que aglutina variedades geolingüísticas y sociolingüísticas diversas.

Para una ordenada determinación del número de hablantes de español, conviene distinguir los hablantes de español en países y territorios donde el español es lengua oficial, nacional o general (véase el recuento de éstos

en el capítulo 4), de los hablantes de español en territorios en los que no lo es. Para el análisis de la demografía del español en países y territorios en los que el español no es lengua oficial, se distingue entre dos perfiles de hablantes: 1) los que dominan la lengua de forma nativa o cuasi-nativa, generalmente por haberla aprendido en el seno de la familia o por convivencia estrecha con hispanohablantes (GDN); en este grupo se incluyen los emigrantes de países hispanos des-

plazados a los territorios señalados, así como los hablantes de lenguas criollas de base hispánica; 2) los que usan la lengua con una competencia limitada, generalmente por haberla aprendido en un contexto bilingüe o multilingüe en el que el español no es la lengua de mayor presencia social (GCL). Este tipo de contextos muy a menudo se da en países o territorios vecinos de los países hispánicos, con fronteras que han sido muy débiles o inexistentes.

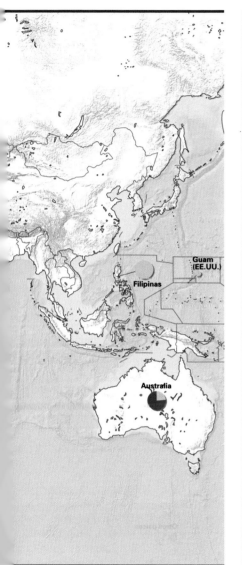

HISPANOHABLANTES EN PAÍSES Y TERRITORIOS DONDE EL ESPAÑOL NO ES LENGUA OFICIAL		
	1. Grupo de Dominio Nativo	2. Grupo de Competencia Limitada
Andorra	42.000	25.000
Argelia	300	48.000
Antillas Holandesas (Bonaire y Curaçao)	126.000	—
Aruba	75.000	—
Australia	107.000	341.000
Belice	107.000	22.000
Brasil	410.000	96.000
Canadá	253.000	293.000
Estados Unidos	36.305.000	6.405.000
Filipinas	439.000	
Guam (EE.UU.)	19.000	—
Islas Caimán	2.000	—
Islas Vírgenes (EE.UU.)	17.000	—
Israel	90.000	85.000
Islandia	700	—
Jamaica	8.000	—
Marruecos	4.000	66.000
Noruega	12.500	—
Rusia	3.000	—
Sahara Occidental	—	22.000
Suiza	86.000	25.000
Trinidad y Tobago	4.000	—
Turquía	400	8.000
Unión Europea (exc. España)	2.397.000	15.615.000
Otros países	12.000	87.000
TOTAL	**40.520.000**	**23.138.000**

Número de hablantes de español, GDN y GCL. Criterios de cuantificación: 1.- La fuente prioritaria es el Censo oficial de cada país. 2.- Las cantidades se redondean en miles, al ser imposible la cuantificación exacta. 3.- Se intenta contabilizar el Grupo de Dominio Nativo de Lengua Española (capacidad de uso nativo o cuasi-nativo). 4.- Se intenta contabilizar el Grupo de Competencia Limitada, incluyendo en la misma categoría hablantes con diferente nivel o dominio del español. 5.- Los bilingües se contabilizan como hispanohablantes.

Una estimación aproximada

Según estos cálculos, fundados en datos censales consolidados del periodo 2000-2005, el GDN de la lengua española a principios del siglo XXI estaría formado por 399.981.000 hablantes. A estos sumaremos los hablantes con competencia limitada en español (GCL) en países donde el español no es lengua oficial, que rondarían la cifra de 23.138.000. Ahora bien, si aceptamos que los extranjeros residentes en los países en los que el español es lengua oficial han de conocer la lengua, aunque sea de forma limitada, para la comunicación más elemental en esas sociedades hispanas, es razonable incluir en el GCL de la lengua española esta población extranjera no hispanohablante, que cifraríamos de forma aproximada en 1.860.000 para el periodo considerado. Sumando las dos cantidades, el GCL del español resulta ser de 24.998.000 hablantes. Así pues, la suma del GDN y el GCL, dentro y fuera del mundo hispánico, nos da una cantidad de hablantes de español de 424.979.000. Y si a estos sumamos los que la están aprendiendo en calidad de lengua extranjera (GALE) según las cifras aportadas por el Instituto Cervantes (14.000.000), obtendríamos que el conjunto de la comunidad idiomática del español, la formada por aquellos capaces de comunicarse en lengua española, desde el nivel del nativo al del aprendiz, está integrado por 438.979.000 hablantes.

La demografía nos muestra que la lengua española es una realidad pujante y lo va a seguir siendo durante largo tiempo. Los cálculos sitúan a la lengua española entre las primeras del mundo en términos de número de hablantes. Pero el escenario actual y las tendencias futuras de la demografía del español se aprecian con más claridad al compararla con otras grandes lenguas internacionales.

Tendencias de las grandes lenguas internacionales

Si tomamos las lenguas oficiales en Naciones Unidas (árabe, chino, español, francés, inglés y ruso) y sumamos la población de los países donde estas seis lenguas son oficiales, veremos que en su conjunto alcanzan el 72,8% de la población mundial. Si en cambio sumamos los hablantes nativos de estas lenguas, en conjunto representan alrededor del 38,1% de la población mundial. Sobre todo el inglés y el francés, pero también el chino, son lenguas oficiales en algunos países donde buena parte de la población habla otras lenguas. Así, por ejemplo, solo un 19,3 por ciento de la población de los países donde

el inglés es oficial es hablante nativo de esta lengua. Piénsese en la India, que tiene más de 1.100 millones de habitantes, de los que unos 200.000 pueden considerarse como hablantes nativos de inglés. Pero al mismo tiempo, el inglés es el idioma de los negocios y la administración en buena parte de este enorme país. Lo mismo ocurre en otros países de África y Asia que podríamos llamar semi-anglófonos, y también en países semi-francófonos como Burkina Faso, Camerún, Costa de Marfil o Senegal, o del Magreb como Argelia o Marruecos, donde el francés dejó de considerarse oficial por imperativos de la descolonización, aunque se sigue empleando ampliamente en la vida pública. En cambio el español destaca por su cohesión: el 96,6 por ciento de los habitantes de los países de habla hispana son hablantes de nivel nativo de español.

El cambio demolingüístico

Las grandes lenguas internacionales presentan tendencias distintas en su peso relativo respecto a la población mundial. Esto se aprecia mediante proyecciones que han tomado como

base el porcentaje de los hablantes nativos de un idioma respecto al total de la población de los países donde es oficial. Parten, por tanto, del supuesto de que ese porcentaje se mantendrá estable a lo largo del periodo considerado. Sabemos por el caso del español, sin embargo, que ese porcentaje puede variar con el tiempo. El conocimiento y uso de la lengua dentro del dominio lingüístico puede extenderse o contraerse, en función de factores como el crecimiento natural de la población, las políticas educativas o las decisiones políticas sobre el papel de las lenguas en las instituciones o en la administración pública. Hay que advertir, por otro lado, que, además del crecimiento natural de la población, hay otro factor de cambio demográfico y por lo tanto demolingüístico de gran importancia y difícil previsión, como es el de las migraciones internacionales.

De las lenguas de origen europeo consideradas, el español es la que presenta una estructura más joven y mayor crecimiento a corto plazo. Aunque a ritmo más pausado, los hablantes nativos de español seguirán aumentando en las próximas décadas más deprisa que los de chino, francés, inglés y ruso, aunque menos que los del árabe. En 2020, los hablantes de español podrían haber alcanzado a los de inglés. Sin embargo, a más largo plazo se observa una tendencia a la estabilización, a medida que las pautas demográficas de los países hispanoamericanos van acercándose a las del mundo desarrollado. En 2050 ambos idiomas verán reducida su participación en la población mundial a poco más del 5%.

Chino, inglés, español

El chino seguirá siendo por mucho tiempo la lengua con mayor número de hablantes nativos, aunque la tendencia demográfica hace prever que este grupo se reduzca sensiblemente a medio plazo. Este declive puede verse de sobra compensado por la

HABLANTES DE SEIS LENGUAS INTERNACIONALES Y POBLACIÓN DE LOS PAÍSES DONDE SON LENGUA OFICIAL

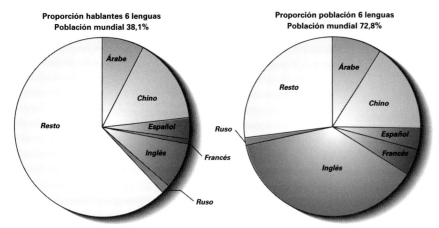

Proporción hablantes 6 lenguas
Población mundial 38,1%

Proporción población 6 lenguas
Población mundial 72,8%

Los seis idiomas de la ONU abarcan, como lenguas oficiales, al 72,8% de la humanidad. Sin embargo, sólo el 38,15 del conjunto son hablantes de esas seis lenguas.

PARA SABER MÁS
Crystal, D. (2003): *English as a Global Language*. 2ª ed. Cambrige: CUP.

Moreno, F. y J. Otero (2007): *Demografía de la lengua española*. Madrid: Instituto Complutense de Estudios Internacionales.

Graddol, D. (2006): *English Next*. Plymouth: British Council.

creciente difusión del *putonghua*, norma común basada en la principal variedad del chino (mandarín) y usada ampliamente en la educación, los asuntos públicos y los negocios en el conjunto de China. El desarrollo de China de los últimos años, unido a un lento pero firme proceso de construcción nacional, está haciendo al mandarín cada vez más popular frente a otras variedades del chino; en el exterior, el chino comienza a despertar interés como lengua extranjera.

La influencia futura del inglés va mucho más allá de la evolución probable de su grupo de dominio nativo. Este muestra una tendencia a estabilizarse y a perder peso relativo en el mundo: del 6,2% al 5,6% de la población mundial en el pe-

riodo considerado. Sin embargo, su influencia como lengua franca dentro de los países donde hoy es oficial crecerá, previsiblemente, hasta más que doblar el GDN y alcanzar el 12,4 de la población mundial. Su ámbito de crecimiento potencial es aún más amplio si se considera la población de aquellos países en su conjunto, que representará en 2050 alrededor del 38% de la población mundial. Con todo, la gran influencia potencial del inglés dependerá de su papel como primera lengua de comunicación internacional, que se mantendrá o tenderá a aumentar en el futuro previsible. Es probable que el grupo de competencia limitada del inglés no deje de aumentar, engrosado por los aprendices de inglés como lengua extranjera y los usuarios de servicios educativos en inglés. David Graddol ha señalado recientemente que se está extendiendo en el mundo una forma de aprendizaje del inglés que está modificando su posición como lengua extranjera o segunda lengua. En los países nórdicos, y en algunos países asiáticos, el inglés se aprende desde edades tempranas y es más

que una lengua extranjera para la mayoría de la población.

La diferencia entre la estructura de los grupos de competencia de chino, inglés y español es muy ilustrativa. Los datos que nos permiten apreciarla provienen de fuentes diferentes, en este caso de B. Kachru y David Crystal, pero están basados en planteamientos teóricos similares a los aplicados aquí en cuanto a tipos de hablantes. En el GDN, el inglés y el español están igualados, a gran distancia del chino; pero el inglés cobra ventaja en el GCL y más aún en el GALE. La diferencia se explica por la internacionalización experimentada por el inglés a lo largo de los últimos cien años, que la ha llevado a ser la más importante lengua internacional y la lengua franca por antonomasia, especialmente en los ámbitos del comercio, la economía, la ciencia y la tecnología. La comparación revela que el crecimiento de la comunidad idiomática del español vendrá dado, en buena medida, por el desarrollo de la demografía hispana, pero sobre todo ha de venir por su aprendizaje y uso como lengua extranjera.

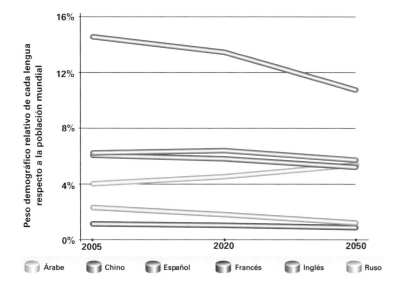

PROYECCIÓN DEMOGRÁFICA DE LAS SEIS LENGUAS DE NACIONES UNIDAS

Peso demográfico relativo de cada lengua respecto a la población mundial

Árabe · Chino · Español · Francés · Inglés · Ruso

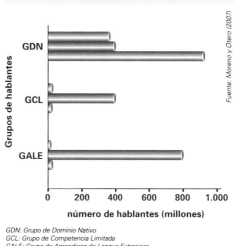

COMPARACIONES ENTRE GRUPOS DE HABLANTES DE CHINO, ESPAÑOL E INGLÉS

número de hablantes (millones)

Fuente: Moreno y Otero (2007)

GDN: Grupo de Dominio Nativo
GCL: Grupo de Competencia Limitada
GALE: Grupo de Aprendices de Lengua Extranjera

Español · Inglés · Chino

LA ECONOMÍA DEL ESPAÑOL

Desde los orígenes de la ciencia económica moderna, los economistas han sido conscientes de las relaciones entre lengua y economía. En *La riqueza de las naciones*, Adam Smith señala el habla y el raciocinio como los rasgos que distinguen al hombre de otros animales y lo facultan para establecer transacciones deliberadas con otros hombres. Y si los factores y recursos materiales han tenido un papel preferente en la historia del pensamiento económico, en las últimas décadas se ha empezado a profundizar en variables de carácter intangible que influyen en el comportamiento económico, como el capital humano (nivel de capacitación de los individuos) o el capital social (entramado de instituciones y valores culturales dominantes). De esta forma, la teoría ha empezado a interesarse por la naturaleza económica de la lengua.

Las funciones económicas de la lengua

Desde una perspectiva económica, la lengua es un componente esencial del capital humano y social de una comunidad. Los economistas han distinguido al menos tres funciones económicas de la lengua. La lengua como mercado se refiere a la enseñanza del idioma y las actividades mercantiles asociadas a ella. La importancia de este mercado dependerá de factores como la utilidad comunicativa (número de hablantes) de la lengua en cuestión, la influencia económica y política de la comunidad lingüística, o su capacidad creativa y ascendencia intelectual.

PARA SABER MÁS

Actas del Congreso Internacional de la Lengua, Valladolid 2001: http://cvc.cervantes.es/obref/congresos.

García Delgado, J. L., J. A. Alonso y J. C. Jiménez (2007): *Economía del español: una introducción*, Barcelona: Ariel / Fundación Telefónica.

Martín Municio, Á. (dir) (2003): *El valor económico de la lengua española*. Madrid: Espasa.

CARACTERÍSTICAS ECONÓMICAS DE LA LENGUA

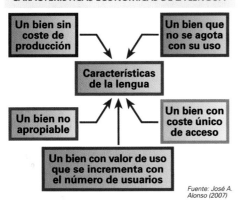

Fuente: José A. Alonso (2007)

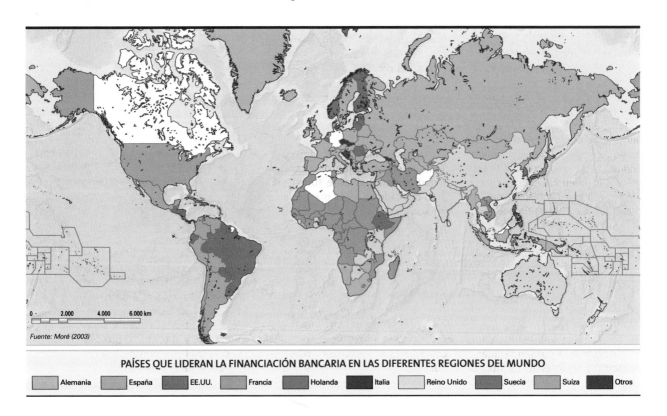

Fuente: Moré (2003)

PAÍSES QUE LIDERAN LA FINANCIACIÓN BANCARIA EN LAS DIFERENTES REGIONES DEL MUNDO

Alemania · España · EE.UU. · Francia · Holanda · Italia · Reino Unido · Suecia · Suiza · Otros

LAS LENGUAS MÁS EXPORTADORAS

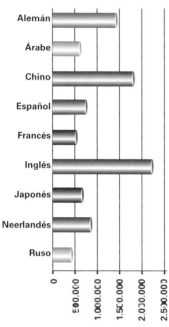

millones de dólares

Exportaciones de bienes de los países donde al menos el 50% de la población tiene dominio nativo de la lengua.

Fuente: UNCTAD Handbook of statistics 2006-07

La lengua es además soporte de la comunicación y la creación, y por lo tanto elemento central de un conjunto de actividades que, con el desarrollo del sector de los servicios y las industrias del ocio, ha cobrado gran importancia en la economía internacional: literatura, teatro, cine, música, prensa escrita, radio, televisión, Internet, programas informáticos; y, por extensión, los ámbitos relacionados con la producción científica e intelectual y la transmisión de conocimiento.

El español en los negocios internacionales

En tercer lugar, una lengua y una cultura comunes pueden facilitar el comercio y las inversiones internacionales, al reducir costes de tran-

sacción (formación, información, negociación) y al acortar la distancia psicológica entre los agentes económicos. El mapa de la financiación internacional muestra que en algunos países existe la tendencia a priorizar las áreas con las que existe cercanía lingüística y cultural. Este fue el caso de la internacionalización de la empresa española en la década de 1990, que tuvo como escenario inicial Portugal y otros países de Iberoamérica. En cuanto al comercio, tanto en Europa como en América los principales socios se encuentran en las organizaciones de integración regional. Pero es interesante observar que España comercia con Iberoamérica más que cualquiera de sus socios europeos.

Al mismo tiempo, el deseo de ampliar el número de socios comerciales supone un fuerte incentivo para aprender otros idiomas y conocer otras culturas. Hoy día, el inglés se ha convertido en el idioma de los negocios internacionales por excelencia, y su conocimiento permite comerciar no solo con los países de habla inglesa, sino con cualquier país del mundo. Junto a esta indiscutible lengua global del comercio, otras lenguas internacionales como el español desempeñan un papel regional de gran importancia, en función de su peso demográfico y económico.

El peso económico del español

Tomada en su conjunto, la comunidad hispanohablante forma un gran mercado de renta media, delimitado en el caso de las industrias culturales y de la comunicación por la existencia de una lengua común. Aunque en su seno existen grandes disparidades regionales y sociales, el producto agregado de los países hispanohablantes representa una porción considerable de la economía mundial. Como otros idiomas de origen europeo, su peso proporcional tenderá a reducirse a medida que otras partes más dinámicas del mundo se incorporan aceleradamen-

te al desarrollo, si no se acorta el diferencial de crecimiento con éstas. Al considerar las exportaciones del conjunto de los países de habla hispana, se deja ver la todavía incipiente internacionalización de sus economías, en comparación con comunidades lingüísticas de menor peso demográfico, y al mismo tiempo el gran potencial económico de la comunidad hispanohablante.

EL ESPAÑOL Y LA SOCIEDAD DEL CONOCIMIENTO

CAPITAL HUMANO EN IBEROAMÉRICA

Número medio de años de escolarización de la población entre 25 y 64 años (2002).
Fuente: Quirós (2007).

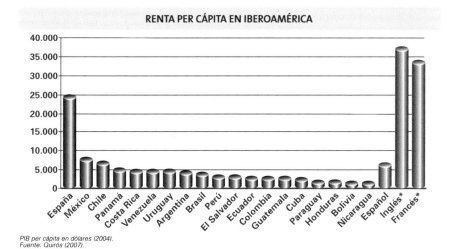

RENTA PER CÁPITA EN IBEROAMÉRICA

PIB per cápita en dólares (2004).
Fuente: Quirós (2007).

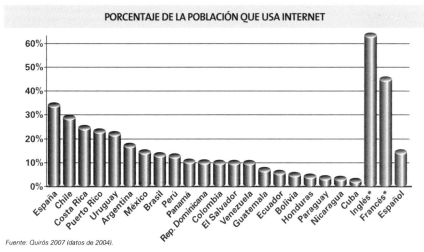

PORCENTAJE DE LA POBLACIÓN QUE USA INTERNET

Fuente: Quirós 2007 (datos de 2004).

* Los datos del inglés y francés tienen en cuenta únicamente los países anglófonos y francófonos pertenecientes a la OCDE.

Se dice que la llamada 'Sociedad de la Información' evoluciona hacia una 'Sociedad del Conocimiento'. Si la primera expresión describe el creciente acceso a la información gracias a las nuevas tecnologías (son ya más de mil millones los usuarios de Internet en el mundo), la segunda refleja la importancia adquirida por la creación intelectual y la innovación científica en el crecimiento económico como consecuencia de la tercera revolución industrial. Sin embargo, el desarrollo de una sociedad global del conocimiento es todavía un propósito más que una realidad, si tenemos en cuenta la existencia de una amplia 'brecha digital' entre unos y otros países, así como la falta de 'alfabetización digital' en amplias zonas del planeta.

La incorporación de la comunidad hispanohablante a la Sociedad de la Información es desigual y está en relación con los indicadores de capital humano y de renta de cada país. La tasa de población conectada a Internet en el ámbito de habla hispana es considerablemente más baja que la correspondiente a otros idiomas, según algunos indicadores internacionales. El número absoluto de usuarios de Internet de habla hispana, sin embargo, era a mediados de 2007 solo inferior a los de habla inglesa y china.

Otra forma de medir la presencia de las distintas lenguas en Internet es a través del número de páginas en cada idioma, aunque la naturaleza volátil de los contenidos en la red obliga a considerar con prudencia las estadísticas existentes. La tendencia desde 1998 muestra que el inicial predominio del inglés, debido a que la red fue creada en este idioma, ha dado paso a una creciente presencia de las demás lenguas. El español ha evolucionado favorablemente, aunque parece haberse estabilizado a partir de 2002 en la sexta posición, después de lenguas con menor peso demográfico como el japonés, el alemán y el fran-

NÚMERO DE ESTUDIANTES ERASMUS ENVIADOS Y RECIBIDOS POR PAÍS, CURSO 2004-2005				
	Envía	Porcentaje sobre total	Recibe	Porcentaje sobre total
España	20.819	14,5	25.511	17,7
Francia	21.561	15,0	20.519	14,2
Alemania	22.427	15,6	17.273	12,0
Reino Unido	7.214	5,0	16.266	11,3
Italia	16.440	11,4	13.370	9,3
Holanda	4.743	3,3	6.842	4,8
Suecia	2.698	1,9	6.626	4,6
Finlandia	3.932	2,7	5.351	3,7
Bélgica	4.833	3,4	4.728	3,3
Portugal	3.845	2,7	4.166	2,9
Dinamarca	1.793	1,2	3.880	2,7
Irlanda	1.572	1,1	3.649	2,5
Austria	3.829	2,6	3.536	2,5
Grecia	2.491	1,7	1.658	1,2
Islandia	199	0,1	253	0,2
Luxemburgo	116	0,1	16	0,0
Polonia	8.390	5,8	2.332	1,6
Rep. Checa	4.178	2,9	1.946	1,4
Hungría	2.316	1,6	1.297	0,9
Rumanía	2.962	2,1	602	0,4
Lituania	1.473	1,0	388	0,3
Eslovenia	742	0,5	378	0,3
Malta	130	0,1	310	0,2
Eslovaquia	979	0,7	284	0,2
Estonia	444	0,3	275	0,2
Bulgaria	779	0,5	179	0,1
Letonia	607	0,4	150	0,1
Chipre	93	0,1	95	0,1

Fuente: Carrera, Bonete y Muñoz de Bustillo (2007)

remonta a la Edad Media, con fundaciones como las de Palencia (1208), Salamanca (1243) o Lérida (1300). Las primeras universidades de América fueron hispanas: en Santo Domingo (1538), San Marcos en Lima (1551) y México (1551), hoy la universidad de mayor tamaño del mundo hispánico. En las evaluaciones internacionales actuales, sin embargo, son pocas las universidades hispanas que aparecen en posiciones destacadas.

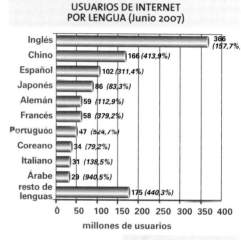

USUARIOS DE INTERNET POR LENGUA (Junio 2007)

Fuente: www.internetworldstats.com **(440,3%)** crecimiento 2000-2007

cés. Si se considera el 'índice de productividad' de las distintas lenguas en Internet (relación entre cantidad de páginas y número de internautas), en 2005 el español se ve sobrepasado por lenguas menos difundidas como el italiano o el rumano.

En el uso educativo de la Red se cruzan el grado de incorporación a Internet y la capacidad para crear conocimiento de las distintas comunidades lingüísticas. La presencia del español en la red universitaria, donde el inglés tiene un predominio aún mayor que en la red general, es equivalente a su presencia en el conjunto de la red. Sin embargo, la creación científica en español va por detrás del peso demográfico y económico de la comunidad hispana. La tradición universitaria española se

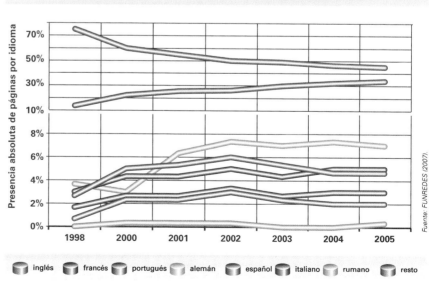

EVOLUCIÓN DEL PORCENTAJE DE PÁGINAS WEB EN DIVERSAS LENGUAS

Fuente: FUNREDES (2007).

inglés   francés   portugués   alemán   español   italiano   rumano   resto

REFERENCIAS BIBLIOGRÁFICAS

Abbad y Lasierra, Iñigo (1785): *Relación de la Florida*. Transcripción de Sánchez Molledo, José María (2003). Madrid: Iberoamericana.

Aguiar, Cláudio (1991): *Os espanhóis no Brasil*, Rio de Janeiro: Tempo brasileiro.

Aguilló, Isidro F. (2006): "El español y la difusión de la ciencia a través de la Web", en Otero J. y H. Perdiguero, *El porvenir del español en la sociedad del Conocimiento*. Burgos: Fundación Caja de Burgos.

Aki Yerushalayim : revista de las emisiones de Israel en judeo-espaniol (1979). Jerusalén: s.n.

Alba, Orlando (2005): *Cómo hablamos los dominicanos*: www.glj.com.do

Albalá, Paloma y Rafael Rodríguez-Ponga (1986): *Relaciones de España con las Islas Marianas. La lengua chamorra*. Madrid: Fundación Juan March.

Alegre, Montserrat (1991). *Dialectologia catalana*. Barcelona: Teide.

Alonso, José Antonio (2007): "Naturaleza económica de la lengua", DT02/06; www.ucm.es/info/icei

Alvar, Manuel (1992): "Ladino", en *El español de las dos orillas*. Madrid: MAPFRE, pp. 117-130.

Alvar, Manuel (1995): "Lengua y sociedad: las constituciones políticas de América", *Política, lengua y nación*. Madrid: Fundación Friedrich Ebert, pp. 51-69.

Alvar, Manuel (1996): "El judeo-español de Marruecos", en M. Alvar (dir.), *Manual de dialectología hispánica: El español de España*, Barcelona: Ariel, pp. 368-377.

Anuarios del Instituto Cervantes. *El español en el mundo*: http://cvc.cervantes.es

Armistead, Samuel G., y Joseph H. Silverman, eds. (1981): *Judeo-Spanish Ballads from New York: Collected by Maír José Bernardete*. Berkeley: University of California Press. http://ark.cdlib.org

Atlas interactivo de las lenguas del mundo en peligro de desaparición en línea: http://portal.unesco.org/culture/es

Beard, Charles A. y Mary R. Beard (1921): *History of the United States*. Norwood, Mass: Norwood Press. www.gutenberg.org

Bello, A. (1847): *Gramática de la lengua castellana, destinada al uso de los americanos*. Ed. de R. Trujillo, Santa Cruz de Tenerife: Instituto de Lingüística Andrés Bello, 1981.

Bindé, Jerôme (dir.) (2005): *Hacia las sociedades del conocimiento*. Informe mundial de la UNESCO. www.unesco.org

Breton, Roland (2003): *Atlas des langues du monde*. Paris: Autrement.

Cano, Rafael (coord.) (2004): *Historia de la lengua española*. Barcelona: Ariel.

Carrera, Miguel, Rafael Bonete y Rafael Muñoz del Castillo (2007): "El programa ERASMUS en el marco del valor económico de la Enseñanza del Español como Lengua Extranjera", DT 07/07: www.ucm.es/info/icei

Casado, Celia (1998): *La lengua y la literatura españolas en África*. Melilla: V Centenario de Melilla.

Cavalli-Sforza, Luigi L. (2000): *Genes, pueblos y lenguas*. Barcelona: Crítica.

Celada, María Teresa y Fernanda Dos Santos Castelano Rodrigues (2005): "El español en Brasil: actualidad y memoria". ARI nº 31/2005: www.realinstitutoelcano.org

CEPAL (2004): *Los pueblos indígenas de Bolivia: diagnóstico sociodemográfico a partir del censo de 2001*). Santiago de Chile: CEPAL.

CEPAL (2006): *Migración Internacional de latinoamericanos y caribeños en Iberoamérica: características, retos y oportunidades*. Santiago de Chile: CELADE/CEPAL.

Cerezo, José M. (dir.) (2006): *La blogosfera hispana: pioneros de la cultura digital*: www.fundacionauna.com

Colegio de México. www.colmex.mx/

Comrie, Bernard, Matthews, Stephen y Polinsky, Maria (2004): *Atlas des langues*. Paris: Acropole.

Consejería de Educación y Ciencia (1995): *Mapa lingüístico de la lengua española en Brasil*, Brasilia: Embajada de España.

Consejería de Trabajo y Asuntos Sociales: www.mtas.es/mundo/consejerias/

CONACULTA (1998): *La Diversidad Cultural de México. Los pueblos indígenas y sus 62 lenguas* (1998). México: CONACULTA, INI.

Criado, Mª Jesús (2007): *Inmigración y población latina en los Estados Unidos: un perfil sociodemográfico*. DT 06/07. Instituto Complutense de Estudios Internacionales. www.ucm.es/info/icei

Crystal, David (1994): *Enciclopedia del lenguaje*. Madrid: Taurus.

Crystal, David (2001): *La muerte de las lenguas*. Madrid: Cambridge University Press.

Crystal, David (2003): *English as a global language*. 2a. ed. Cambridge: Cambridge University Press.

Cueto, Luis, Javier Noya y Joaquín Soler (2004): "Iconos culturales hispanos en Internet (lo que ven los buscadores)". *El español en el mundo. Anuario del Instituto Cervantes 2004*: http://cvc.cervantes.es

Dary, David (2000): *The Santa Fe Trail: Its History, Legends, and Lore*. New York: Alfred A. Knopf.

DGEEC (2003): *Pueblos indígenas del Paraguay. Resultados Finales. II Censo Nacional Indígena de Población y Viviendas 2002*. Paraguay: Dirección General de Estadísticas, Encuestas y Censos.

DGCEN (2004): Dirección General de Estadística y Cuentas Nacionales: www.dgecnstat-ge.org/

Draper, Jaime B. y June H. Hicks (2002): "Foreign Language Enrollments in Public Secondary Schools, Fall 2000. American Council on the Teaching of Foreign Languages (May 2002).

Echenique, Mª Teresa y Juan Sánchez (2005): *Las lenguas de un Reino. Historia lingüística hispánica*. Madrid: Gredos.

Ethnologue. Languages of the world (2005): 11th edition. Raymond G. Gordon, ed. Dallas: SIL International. www.ethnologue.com

Etxebarria, M. (2002): *La diversidad de lenguas en España*. Madrid: Espasa-Calpe.

Eurobarómetro (2006): Eurobarómetro Especial nº 243, oleada 64.3. http://ec.europa.eu/public_opinion/index_en.htm

Fernández, Mauro (ed.) (2001): *Schedding Light on the Chabacano Language. Estudios de Sociolingüística. 2,2*. www.sociolinguistica.uvigo.es

Fernández Rei, Francisco (2003): *Dialectoloxia da Lengua Galega*. Vigo: Xerais.

Fontanella de Weinberg, M.B. (coord.) (2000): *El español de la Argentina y sus variedades regionales*. Buenos Aires: Edicial.

FUNREDES. http://funredes.org

García de la Concha, Víctor (1986): *El castellano actual en las comunidades bilingües de España*. Salamanca: Junta de Castilla y León.

REFERENCIAS BIBLIOGRÁFICAS

García de Cortázar, Fernando (2006): *Atlas de Historia de España*. Barcelona: Planeta.

García Delgado, José Luis, José Antonio Alonso y Juan Carlos Jiménez (2007): *Economía del español: una introducción*, Barcelona: Ariel / Fundación Telefónica.

Graddol, David (2006): *English Next*. Plymouth: The British Council.

Granda, Germán de (1994): *Español de América, español de África y hablas criollas hispánicas*. Madrid: Gredos.

Gutiérrez, Rodolfo (2007): "Lengua, migraciones y mercado de trabajo". DT 05/07: www.ucm.es/info/icei.

Hernández, César (1992): *Historia y presente del español de América*. Valladolid: Junta de Castilla y León.

Herranz, Atanasio (1996): *Estado, lenguaje y sociedad. La política lingüística en Honduras*.Tegucigalpa: Guaymuras.

Herrero Mayor, Avelino (1943): *Presente y futuro de la lengua española en América*. Buenos Aires : Institución Cultural Española.

Hervás y Panduro, Lorenzo (1800-1805): *Catálogo de las lenguas de las naciones conocidas y enumeración, división y clases de estas según la diversidad de sus idiomas y dialectos*. Madrid.

I Informe Berlitz sobre la demanda de enseñanza de español en el mundo, 2005.

Informes sobre la Sociedad de la Información: www.fundacion.telefonica. com/forum/sociedaddelainformacion.

Instituto Cervantes (2001): *Actas del II Congreso Internacional de la Lengua*, Valladolid. http://cvc.cervantes. es/obref/congresos.

Instituto Cervantes (2006): *Enciclopedia del español en el mundo. Anuario del Instituto Cervantes 2006-2007*. Barcelona: Círculo de Lectores – Plaza & Janés.

Instituto Nacional de Estadística: www.ine.es

Instituto Sefardí Europeo: www.sefarad.org/institut.php?safa=es

Jiménez, Juan C. y Aránzazu Narbona (2007): "Economía y lengua: el español en el comercio internacional". *Circunstancia*, año V, n° 13, Mayo 2007: www.ortegaygasset.edu/circunstancia

Jiménez, Juan Carlos (2007): *El español: valor de un activo económico*. Informe del Instituto Universitario de Investigación Ortega y Gasset para la Fundación Caja de Burgos.

Junyent, Carme (1999): *La diversidad lingüística*. Barcelona: Octaedro.

Klee, Carol A. (ed.) (1991): *Sociolinguistics of the Spanish –Speaking World: Iberia, Latin America, the United States*. Tempe: Bilingual Press.

La difusión del español en Internet (2006). Informe Accenture para la Fundación Caja de Burgos.

L'aménagement linguistique dans le monde. www.tlfq.ulaval.ca/axl

Lamo de Espinosa, Emilio (2002): "Lengua, Nación y Estado", *Claves de Razón Práctica* n° 21, Abril 2002.

Lamo de Espinosa, Emilio y Javier Noya (2002): "El mercado de las lenguas: La demanda de español como lengua extranjera en Francia y Alemania". *El español en el mundo. Anuario del Instituto Cervantes 2002*: http://cvc.cervantes.es

Lerner, Ivonne (2006): "El lugar de la lengua española en Israel". ARI n° 50/2006: www.realinstitutoelcano.org

Lope Blanch, Juan M. (1979): *Investigaciones sobre dialectología mexicana*. México: UNAM.

Lope Blanch, Juan M. (ed.) (1991): *Atlas lingüístico de México*. México: El Colegio de México.

López Morales, Humberto (1992): *El español del Caribe*. Madrid: Mapfre.

López Morales, Humberto (1998): *La aventura del español en América*. Madrid: Espasa-Calpe.

López Morales, Humberto (2003): *Los cubanos de Miami*. Miami: Universal.

López Morales, Humberto (2006). La globalización del léxico hispánico. Madrid: Espasa-Calpe.

Marcos Marín, Francisco (2006): *Los retos del español*. Madrid: Iberoamericana.

Martín Municio, Ángel (dir) (2003): *El valor económico de la lengua española*. Madrid: Espasa.

Maurais, Jacques y Michael Morris (2003): *Languages in a Globalising World*. Cambridge: Cambridge University Press.

Measuring Linguistic Diversity on the Internet (2005). UNESCO Publications for the World Summit on the Information Society: www.unesco.org

Mendieta, Eva (1999): *El préstamo en el español de los Estados Unidos*. New York: Peter Lang.

MERCATOR- EDUCATION. www.mercator-education.org/

Millán, José Antonio (2000): "La lengua que era un tesoro. El negocio digital del español y cómo nos quedamos sin él". http://jamillan.com/librosybitios/blog/

Millán, José Antonio (2004): "El español, recurso en la red". http://jamillan. com/librosybitios/blog/

Ministerio de Asuntos Exteriores y Cooperación (2006): *Memoria de Actividades 2005*. Dirección General de Relaciones Culturales y Científicas.

Ministerio de Educación y Ciencia (2006): *El mundo estudia español 2006*. Véanse también informes anteriores en www.mec.es/redele

Ministerio de Educación y Ciencia. Cooperación Internacional: www.mec.es/educa/jsp/plantilla. jsp?id=41&area=internacional

Moncada, Alberto y Juan Olivas (2003): *Hispanos 2000*. Madrid: Ediciones Libertarias.

Montes Giraldo, José Joaquín (1995-1996): "La bipartición dialectal del español". *Boletín de Filología*, XXXV, 1995-96, pp. 317-331.

Morala, José R.: *Diccionarios de variantes del español*: español@internet.

Morales, Ed. (2002): *Living in Spanglish. The Search for Latino Identity in America*. New York: St. Martin's Press.

Moré, Íñigo (2003): "Atlas mundial de la financiación internacional". ARI n° 131/2003: www.realinstitutoelcano.org.

Moreno de Alba, José G. (2003): *La lengua española en México*. México: FCE.

Moreno Cabrera, Juan Carlos (2000): *La dignidad e igualdad de las lenguas*. Madrid: Alianza.

Moreno Cabrera, Juan Carlos (2003): El *universo de las lenguas*. Madrid: Castalia.

Moreno Fernández, Francisco (ed.) (1993): *La división dialectal del español de América*. Alcalá de Henares: Universidad de Alcalá.

Moreno Fernández, Francisco (2000): "El español en Brasil", *El Español en el Mundo. Anuario del Instituto Cervantes. 2000*. Madrid: Instituto Cervantes. http://cvc.cervantes.es

Moreno Fernández, Francisco (2004): "El futuro de la lengua española en los EEUU", ARI n° 69/2004. www.realinstitutoelcano.org

Moreno Fernández, Francisco (2005): *Historia social de las lenguas de España*. Barcelona: Ariel.

Moreno Fernández, Francisco (2007): *Qué español enseñar*. 2ª ed. Madrid: Arco/Libros.

Moreno, Francisco y Otero, Jaime (2007): *Demografía de la lengua española*. Madrid: Instituto Complutense de Estudios Internacionales. www.icei.com

Munteanu, Dan (1996): *El papiamento, lengua criolla hispánica*. Madrid: Gredos

Nerín, Gustau (1998): *Guinea Ecuatorial, historia en blanco y negro* Barcelona: Península.

Nettle, Daniel (1999): *Linguistic Diversity*. Oxford: Oxford University Press.

Ochoa, George (2001): *Atlas of Hispanic-american History*. New York: Checkmark.

Ohlson, Linda (2007): *El cambio de código en la música popular contemporánea de los Estados Unidos*. Göteborg: Göteborgs Universitet.

Otero, Jaime (1995): "Una nueva mirada al índice de importancia internacional de las lenguas", en Marqués de Tamarón (dir.), *El peso de la lengua española en el mundo* Valladolid: INCIPE - Universidad de Valladolid - Fundación Duques de Soria, pp. 235-282.

Otero, Jaime (2004): "El español en la Universidad estadounidense: las cifras". ARI n° 57/2004. www.realinstitutoelcano.org

Otero, Jaime (2005): "La lengua española y el sistema lingüístico de Asia-Pacífico". Real Instituto Elcano. DT. N° 2/2005. www.realinstitutoelcano.org

Otero, J. y Perdiguero, H. (coords.) (2006): *El porvenir del español en la sociedad del conocimiento*. Burgos: Fundación Caja de Burgos.

Otero, Jaime (2007): "Lengua e inmigración. Aspectos culturales de la inmigración latinoamericana en España". Análisis del Real Instituto Elcano: www.realinstitutoelcano.org

Otero, Jaime (2007): "China discovers Public Diplomacy". DT n° 24/2007: www.realinstitutoelcano.org

Otheguy, Ricardo y Ana C. Zentella (2007): "Apuntes preliminares sobre el contacto lingüístico y dialectal en el uso pronominal del español en Nueva York", en K. Potowski y R. Cameron (eds.), *Spanish in Contact: Policy, Social and Linguistic Inquiries*. Amsterdam,: John Benjamins, pp. 275-296.

Paolillo, John; Pimienta, Daniel; Prado, Daniel *et al.* (2005): *Measuring Linguistic Diversity on the Internet*. UNESCO Publications for the World Summit on the Information Society.

Parrondo, José R. (2006): "La evaluación y certificación del español como lengua extranjera: los DELE y los nuevos retos", *Anuario del Instituto Cervantes 2006-2007*. Barcelona: Plaza y Janés: http://cvc.cervantes.es

Penny, R. (2004): *Variación y cambio en español* Madrid: Gredos.

Quilis, Antonio (1992): *La lengua española en cuatro mundos*. Madrid: Mapfre.

Quintana, Aldina (2006): *Geografía lingüística del judeo-español. Estudio sincrónico y diacrónico* Berna: Peter Lang.

Quirós, Cipriano (2007): "Sociedad de la información y presencia del español en Internet". DT 04/07. www.ucm.es/info/icei

Real Academia Española: www.rae.es

Rodríguez Ponga, Rafael (1996): "Islas Marianas". En M. Alvar (dir.), *Manual de dialectología hispánica. El español de América*. Barcelona: Ariel, pp. 244-248.

Rojo, Guillermo (2007): "El español en la Red". *Telos*, n° 71, abril-junio 2007.

Romero de Terreros, J.M. (2004): *Hispánicos en los Estados Unidos*. Madrid: Ministerio de Asuntos Exteriores.

Ruhlen, M. (1994): *The Origin of Language*. New York: John Wiley&Sons.

Rusell, Gabriela y Luciana Velloso (2006): "Relevamiento ELE 2006. Informe anual del Sector de la enseñanza del Español como Lengua Extranjera y segundo idioma". Buenos Aires: Cancillería Argentina.

Santillo, Mario (2004): *Balance de las migraciones actuales en América Latina*. Buenos Aires: Centro de Estudios Migratorios Latinoamericanos.

Sign Languages of the World, by Country, Gallaudet University: http://library.gallaudet.edu/dr/faq-world-sl-country.html

Siguan, Miguel. (1996): *La Europa de las lenguas*. Madrid: Alianza.

Siguan, Miquel (1999): *Conocimiento y uso de las lenguas de España*. Madrid. Centro de Investigaciones Sociológicas.

Sistema de Indicadores sobre la Población Indígena de México (2002). México: CDIPNUD.

Tamarón, Marqués de (dir.) (1995): *El peso de la lengua española en el mundo*. Valladolid: INCIPE - Universidad de Valladolid - Fundación Duques de Soria.

Tovar, Antonio y Larrucea, Consuelo (1984): *Catálogo de las lenguas de América del Sur*. Madrid: Gredos.

Unión Europea. http://ec.europa.eu/education/policies/lang/languages/index en.html

UNCTAD Handbook of statistics 2006-07: www.unctad.org

US Census Bureau. Hispanos en los Estados Unidos: www.census.gov/mso/www/rsf/hisorig/

Valbuena Prat, Ángel (1953): "En torno al hispanismo de Brasil", *Anuario brasileño de estudios hispánicos*.". Brasilia: Consejería de Educación en Brasil, pp. 11-15.

Vaquero, María (1986): *Léxico marinero de Puerto Rico y otros estudios*. Madrid: Playor.

Vendryes, Joseph (1921): El *lenguaje, introducción lingüística a la historia*. París: La Renaissance du livre. Trad. Española: Barcelona: Cervantes, 1943

Vicente Torrado, Trinidad (2006): *La inmigración latinoamericana en España*. México: Secretaría de Naciones Unidas.

VV.AA. (1993): *Lenguas de España. Lenguas de Europa*. Madrid: CIS - Veintiuno.

Weise Vargas, Crista (2004): *Educación superior y poblaciones indígenas en Bolivia*. Cochabamba: IESALC-UNESCO

Wulff, Enrique (1981): *Lenguaje y Lenguas*. Barcelona: Salvat.

Wurm, Stephen (2001): *Atlas of the World Languages in Danger of Disappearing*. Barcelona: UNESCO.

Zimmermann, Klaus (ed.) (1995): *Lenguas en contacto en Hispanoamérica*. Madrid: Iberoamericana.

Este libro, compuesto en The Sans,
se terminó de imprimir en BROSMAC,
en octubre de 2008.

Reproducción fotomecánica en FOINSA.

BARCELONA